Caminhos para a liberdade

Dados Internacionais de Catalogação na Publicação (CIP)
(Câmara Brasileira do Livro, SP, Brasil)

Grün, Anselm

Caminhos para a liberdade : vida espiritual como exercício para a liberdade interior / Anselm Grün ; tradução de Ilson Kayser. – Petrópolis, RJ : Vozes, 2005.

ISBN 85.326.3128-2 (edição brasileira)

ISBN 3-87868-602-1 (edição alemã)

Título original: Wege zur Freiheit : Geistliches Leben als Einübung in die innere Freiheit.
Bibliografia.

1. Liberdade 2. Liberdade (Teologia) 3. Vida espiritual I. Título. II. Título: Vida espiritual como exercício para a liberdade interior.

05-0135 CDD-248.4

Índices para catálogo sistemático:

1. Liberdade interior : Vida espiritual : Vida cristã 248.4

Anselm Grün

Caminhos para a liberdade

Vida espiritual como exercício para a liberdade interior

3ª Edição

Tradução
Ilson Kayser

Petrópolis
2006

Título original alemão: *Wege zur Freiheit*

Direitos de publicação em língua portuguesa:
Editora Vozes Ltda.
Rua Frei Luís, 100
25689-900 Petrópolis, RJ
Internet: http://www.vozes.com.br
Brasil

Editoração: Ana Kronemberger
Projeto gráfico: AG.SR Desenv. Gráfico
Capa: Marta Braiman

ISBN 85.326.3128-2 (edição brasileira)
ISBN 3-87868-602-1 (edição alemã)

Este livro foi composto e impresso pela Editora Vozes Ltda.

Sumário

Introdução

Liberdade é uma das muitas palavras de anseio que comovem os seres humanos desde sempre. No fundo de seu coração, todo ser humano anseia por ser livre, livre do poder dos homens, livre perante o juízo dos outros, livre de coações interiores, livre de temores, livre de escrúpulos, livre de dependências. A maioria dos Estados tem a pretensão de garantir a liberdade a seus cidadãos. Os liberais confundem muitas vezes liberdade com individualismo. Acham que livre seria aquele que pode fazer o que quer, que não se orienta pelos outros, antes olha somente para si mesmo.

Hoje muitos associam a palavra "liberdade" aos movimentos de libertação desde a Revolução Francesa, não, porém, à Igreja. Não obstante, liberdade é uma palavra central na Bíblia. "É para a liberdade que Cristo nos libertou", escreve Paulo aos Gálatas (Gl 5,1). A redenção por meio de Jesus Cristo é descrita como libertação, como grande convite para viver doravante como livres filhos e filhas de Deus. E a vida espiritual é compreendida desde a Igreja primitiva como exercício para a liberdade.

No presente livro não quero desdobrar a grande teologia da liberdade, tal como foi sendo excogitada desde os primórdios da Igreja por filósofos e teólogos. Deixo de lado o tema do livre-arbítrio, que ocupa tanto espaço na teologia, a relação entre graça e liberdade, e a dimensão política da liberdade. Também a Teologia da Libertação sul-americana, que traduz a mensagem bíblica da liberdade para nossa situação política hodierna, não será tematizada, embora pessoalmente a considere uma contribuição importante e encorajadora da teologia moderna para as questões da época. Limito-me à mensagem do Novo Testamento e à interpretação dessa mensagem por alguns dos Padres da Igreja e no monasticismo. Nisso interessa-me menos a teologia, do que, antes, a dimensão espiritual da liberdade e os caminhos para a liberdade, tal como os trilhou a tradição espiritual do monasticismo.

A teologia distingue uma liberdade *de* e uma liberdade *para*. No presente livro trata-se, sobretudo, do primeiro aspecto. A experiência de Deus nos liberta do poder do mundo. Experiência de Deus sempre tem a ver também com experiência da liberdade. Assim já o diz Ângelo Silésio: "Quem ama a liberdade, ama a Deus" (citado em Gründel, p. 105.) O caminho espiritual é o caminho para a liberdade de dependências e coações. Mas essa liberdade de amarras exteriores e interiores também tem um fim. O alvo de nossa vida é a entrega a Deus e aos homens. Posso entregar-me somente, posso amar verdadeiramente somente se encontrei a mim mesmo, e se me tornei livre de mim mesmo, do girar em torno de mim mesmo e do agarrar-me em mim e em minha vida.

Também se os políticos de todos os partidos em nosso país sempre de novo enaltecem a liberdade, o que para nós deve ser motivo de alegria, muitas pessoas não se sentem livres em nossos dias. Sentem-se determinadas por mil coações. E não se trata apenas das coações exteriores; das coações econômicas que obrigam um empresário a fechar postos de trabalho; das coações sociais que restringem nossa liberdade; e das coações políticas que nos impedem de encaminhar reformas sensatas, porque não são "exeqüíveis politicamente". Antes trata-se também das muitas coações interiores que atribulam as pessoas de nossos dias. Aí estão temores que nos dominam. Sentimo-nos dependentes do reconhecimento dos outros. Sentimos que nossa própria biografia nos determina e não permite que tomemos decisões livres.

Emoções, paixões, necessidades e muitos desejos nos influenciam e prejudicam nossa liberdade. A pergunta é como podemos alcançar a liberdade interior. Desde sempre a tradição espiritual apontou caminhos que nos querem conduzir à liberdade do poder dos fatores externos. O ser humano espiritual sempre é também o ser humano livre, o ser humano que não é determinado de fora, antes vive de dentro, livre da opinião e da expectativa dos outros, livre da coação de suas próprias necessidades e desejos. A liberdade interior é parte essencial de nossa dignidade como seres humanos. Somente o ser humano livre é ser humano integralmente. O lance de olhos nos escritos do Novo Testamento e na tradição espiritual primitiva quer nos mostrar como também hoje podemos trilhar o caminho para nos tornarmos verdadeiramente seres humanos.

I
Liberdade no Novo Testamento

Não quero acrescentar mais uma às muitas pesquisas já existentes sobre esse tema. Quero, antes, interpretar as concepções bíblicas de liberdade com vistas a nossa vida concreta. Até que ponto posso eu viver hoje dessas palavras bíblicas? Como devem ser interpretadas dentro de nossa situação psíquica e social? Nisso entendo os termos como imagens, através das quais também nossa vida aparece em nova luz. Não é a análise científica que deve me ajudar a traduzir a mensagem da Bíblia para nossos dias, e, sim, a interpretação figurativa e associativa da Escritura.

"Os filhos são livres" – Os sinóticos

Nos sinóticos (nos três primeiros evangelhos: Mateus, Marcos e Lucas) encontra-se somente uma passagem na qual Jesus fala expressamente da liberdade dos cristãos. Trata-se da narrativa do imposto do templo (Mt 17,24-27). Nessa narrativa não se trata – como achavam antigamente muitos intérpretes eclesiásticos – de um imposto do Império Romano, e, sim, "do imposto judaico de meio siclo ou dracma duplo a favor do templo" (Luz, p. 529). "No caso do imposto de meio siclo trata-se de um tributo a ser pago anualmente por todo israelita livre e adulto, não, porém, por mulheres, escravos e crianças, que servia para cobrir as despesas com o culto no templo" (*ibid.*, p. 529). Esse imposto era controvertido no seio de Israel. Os saduceus e essênios o recusavam. Por volta do ano 50 antes de Cristo, porém, ele se tornou obrigatório para todos os judeus. No entanto, na Galiléia o pagamento do imposto templário não ia lá muito bem. Desse modo a pergunta dos cobradores de impostos se torna perfeitamente compreensível.

Perguntado se Jesus paga o imposto templário, Pedro responde que sim. No entanto, no interior da casa Jesus lhe passa instruções "que não revogam seu sim, mas fundamentam-no de modo novo" (Grundmann, *Matthäus*, p. 410). Jesus lhe pergunta "se os reis da terra cobram alfândega ou impostos também de seus próprios filhos, dos príncipes, ou somente dos estrangeiros, isto é, daqueles que estão subordinados a seu domínio" (*ibid.*, p. 410). Quando Pedro responde de modo compreensível, que certamente os cobram dos estrangeiros, Jesus conclui:

> Portanto os filhos são livres. Sua comunidade é o conjunto dos filhos do reino de Deus, e dessa condição de filhos faz parte a liberdade, neste caso a isenção do imposto ordenado na Lei para o templo. Jesus e Pedro são livres filhos de Deus, este a partir daquele. Essa é a consciência fundamental da comunidade de Jesus: livres filhos de Deus (*ibid.*, p. 410).

A liberdade é, portanto, a característica dos cristãos. Nem instâncias estaduais nem instâncias eclesiásticas podem prender os cristãos num sistema coercitivo. Pois, como filho e filha, o cristão é um ser humano livre, responsável somente perante Deus. Ele não se encontra sob seres humanos, e, sim, sob o mandamento de Deus. E o mandamento de Deus é o caminho da liberdade. Se leis restringem o ser humano, então sempre serão leis humanas. Jesus anuncia o reino de Deus, no qual se instala o domínio de Deus e o domínio de legisladores humanos é destituído. Onde reina Deus, o ser humano encontra o caminho de sua liberdade, aí, antes de tudo, o ser humano se torna ser humano. Os primeiros cristãos experimentaram isso existencialmente em seu convívio. Seu sentimento básico era a liberdade da Lei e a liberdade da arbitrariedade humana. Desta liberdade, porém, faz parte igualmente o fato de os cristãos não quererem dar motivo de escândalo aos seres humanos. Por isso Jesus ordena que Pedro vá até o lago pegar um peixe, no qual encontra exatamente o valor que os dois são obrigados a pagar.

Pode-se relacionar essa passagem do imposto templário à narrativa do imposto romano pago por pessoa, que nos foi legada por todos os três sinóticos em versões semelhantes: Mc 12,13-17, Mt 22,15-22 e Lc 20,20-26. Aqui Jesus interfere na explosiva pergunta se os judeus devem pagar o imposto romano. Qualquer que seja a resposta, ele atrairá a ira de um dos grupos judaicos sobre si. Os herodianos o denunciarão aos romanos, se ele negar o imposto; os fariseus e zelotes se voltarão contra Jesus, se ele apoiar o imposto. Jesus age aqui em soberana liberdade ao pedir que lhe dêem o denário que se tem de pagar como imposto. A moeda do imposto "mostra no anverso o meio-corpo desnudo do imperador Tibério com uma coroa de louro envolvendo sua cabeça... no verso consta a inscrição *Pontifex Maximus* (sumo sacerdote) e adicionalmente a efígie da mãe de Tibério sentada no trono com cetro e ramo de oliveira" (Grundmann, *Markus*, p. 327).

Quando os presentes confirmam que é a imagem do imperador reproduzida na moeda, Jesus responde com a revolucionária frase: "Devolvam agora ao Imperador o que lhe pertence, e a Deus o que é de Deus" (Mt 22,21). Como o denário pertence ao imperador, devem devolvê-lo a ele.

O que o imperador deu aos judeus, a ordem do Estado com suas estruturas econômicas e legais, isso devem devolver a ele. Pois lhe pertence. Mas o ser humano pertence inteiramente a Deus. Por isso não deve dar a nenhum ser humano poder sobre si como pessoa e não se entregar inteiramente na mão de um humano.

O ser humano pertence a Deus, porque é filho e filha de Deus, e porque é imagem de Deus. O fato de ser imagem de Deus liberta o homem do poder humano. Jesus não impõe ao homem uma nova lei, antes liberta-o àquilo "para o que foi criado e projetado" (Grundmann, *Mateus*, p. 473), para ser a autêntica imagem de Deus. E porque leva em si a imagem de Deus, o homem pertence a Deus e não a qualquer ser humano; somente Deus pode dispor sobre ele, mas nenhum poder humano. Que o ser humano é imagem de Deus revela-se, para Mateus, no amor ao inimigo e no comportamento paternal. Quem ama seus inimigos, esse mesmo revela-se como filho e filha de Deus, esse mesmo se torna igual a Deus, tão perfeito (Mt 5,48) e misericordioso como o Pai celestial (Lc 6,36). E quem como pai dá boas dádivas a seus filhos, esse realiza em sua paternidade algo da paternidade de Deus, que dá boas dádivas àqueles que lhas pedem (Mt 7,11). A dignidade do ser humano consiste no fato de ser imagem de Deus e, ao mesmo tempo, a liberdade de qualquer poder humano.

A mensagem da liberdade remonta portanto a Jesus. Jesus liberta o ser humano para aquilo que ele é, para ser filho e filha de Deus. Se, porém, somos filhos e filhas de Deus, seres humanos não nos devem escravizar, e não devemos conceder a nenhum ser humano poder sobre nós. Se pertenço a Deus, e não ao mundo, isso me liberta do poder do mundo, do poder de suas expectativas, de suas exigências, tal como elas se manifestam na exigência do tributo.

Se pertenço a Deus, e não a um ser humano, isso também me liberta nas relações com outros seres humanos. Há cônjuges que têm a pretensão de pertencerem um ao outro. Certamente andam juntos o mesmo caminho e comprometeram-se com isso para sempre. Mesmo assim, um não pertence ao outro. Antes, cada um pertence a Deus. Cada um é diretamente de Deus. Isso lhe dá sua verdadeira dignidade e, simultaneamente, sua liberdade.

Isso também vale para toda amizade. Há quem confunda amizade com a exigência de que o amigo deveria estar sempre a sua disposição, que ele não deveria dedicar-se a outros. Tais amizades podem transformar-se em corrente que prende e rouba a liberdade. Amizade autêntica sempre tem em mente a liberdade do amigo. Nenhum ser humano pertence exclusivamente a mim, antes, todos nós pertencemos a Deus.

No acompanhamento de pessoas que procuram conselho e ajuda, constato sempre de novo que essas pessoas, às quais me dedico integralmente, deduzem daí um direito sobre mim. Querem dispor de meu tempo, de minha proximidade, de meus sentimentos. E não estou sozinho nessa experiência. Muitos curas d'almas e terapeutas relatam-me expectativas semelhantes, com as quais se vêem confrontados. Para mim, minha condição de monge é expressão concreta do fato de que pertenço exclusivamente a Deus. E isso me dá liberdade. Desde essa liberdade posso envolver-me com pessoas e doar-lhes proximidade, sem querer amarrá-las a mim, e sem amarrar-me a elas. A liberdade da relação é o pressuposto para que possa crescer algo. Muitos confundem amizade e relação com estar grudado um no outro. Cada um necessita do outro. Nenhum deles pode ficar sem o outro. Assim se tornam mutuamente dependentes. Mas dependência contradiz, em última análise, a nossa dignidade como seres humanos.

Posso entender perfeitamente pessoas que se apaixonaram por um homem ou por uma mulher, e doravante não podem ficar sem ele ou sem ela. Mas com demasiada freqüência percebo que as pessoas se tornam inteiramente dependentes daquela que amam. Todos os seus pensamentos giram em torno dela. Isso pode ser uma experiência felicitante, porque nos vivifica e concentra todos os nossos sentimentos e todas as nossas forças. Se, porém, alguém outro não é capaz de retribuir meu próprio amor, quaisquer que sejam os motivos, então acabamos por nos machucar constantemente a nós mesmos, se nos tornamos inteiramente dependentes dele. Se me apaixono por uma mulher, isso sempre tem a ver também com projeção. Eu projeto nela algo, algo que me fascina e que falta a mim mesmo. Essa projeção não deixa de ser boa. Mas não devo ficar sempre preso à projeção. Antes devo desdobrar em mim mesmo o que me fascina numa mulher ou num homem. E quanto mais integro em minha própria vida o que me fascina em outra pessoa, tanto mais livre me torno do outro.

Certa mulher me contou a respeito de um homem do qual não conseguia se desprender, embora ele a machucasse constantemente. Ele a atingiu tão profundamente, porque incorporava para ela "a leveza do ser". Ela, que até agora sempre cumpriu seus deveres, que lutou por sua família e cuidou dela, estava tão fascinada por essa leveza da vida que não conseguiu distanciar-se desse homem nem mesmo quando ele tinha outra mulher. Muitas vezes é difícil defender-se de tais dependências. Elas mostram que foi atingido um aspecto importante em nós. E esse aspecto temos de tentar viver e integrar em nosso projeto de vida. Então nos tornaremos mais livres interiormente.

No entanto, com freqüência se precisa muito tempo até que se encontre essa liberdade interior. Mas se apenas sentimos a leveza quando o outro está presente, então somos dependente dele. Se nos sentimos vivos somente quando o outro se encontra em nossa proximidade, então isso contraria nossa dignidade. Neste caso não vivemos de nós, e, sim, da benevolência de alguém outro. Ser presenteado pelo outro é maravilhoso. Mas sentir-se incapaz de ter vida própria e ficar sempre esperando apenas que o outro venha, para que nos sintamos vivos, isso leva a uma dependência total. E essa dependência nos incomoda, porque nos priva de nossa dignidade.

No entanto, também precisamos muita paciência conosco e com nossos sentimentos. Pois não se pode conquistar essa liberdade com um mero ato de vontade. Pelo contrário, ela se encontra no fim de um longo processo. Nesse processo do tornar-se livre trata-se de aceitar com gratidão o que o outro nos dá, e integrá-lo cada vez mais na própria vida. Então sentiremos mais e mais a nós mesmos, e experimentaremos em nós as qualidades que o outro provocou em nós. E quanto mais sentimos a nós mesmos e estamos conosco, tanto mais livres somos.

Nunca se pode conseguir a liberdade interior com violência, separando-nos bruscamente do outro. Pelo contrário, a liberdade precisa de uma nova experiência. De acordo com a palavra de Jesus, ela precisa da experiência de que sou filho e filha de Deus, que pertenço a Deus e a nenhum ser humano. Se me incuto isso sempre de novo, se me aprofundo nessa realidade em meditação, pode acontecer que de repente me sinto livre. Enquanto isso, nunca devo condenar-me por ser dependente, por ter sido, muitas vezes, atingido profundamente por esta mulher ou por este homem. Isso também sempre representa uma chance para descobrir em mim novos aspectos e para desenvolvê-los.

Mas o objetivo de toda relação, qualquer que seja a forma que assume, é a liberdade interior. Do contrário, a relação se torna uma dependência que me machuca constantemente. Em vez de me enriquecer, procuro para mim uma situação, na qual sempre de novo machuco a mim mesmo ou me deixo machucar. Reiteradas vezes encontro pessoas que escolhem situações nas quais os ferimentos de sua infância continuam. A liberdade dos filhos e das filhas de Deus deve libertar-me também, em primeiro lugar, das próprias imagens dos pais e experiências com os pais, que demasiadas vezes projeto para dentro das relações. Somente se fiquei livre das feridas de minha infância tornam-se possíveis relações que me enriquecem em vez de me machucarem.

Como filhos e filhas de Deus pertencemos a Deus, e não a nossos pais. Muitos não conseguem desprender-se das expectativas de seus pais. Acham que sua tarefa mais importante consistiria em satisfazer seus pais. E assim não ousam protestar e seguir seus próprios impulsos interiores. Às vezes me defronto sobretudo com mulheres no meio da vida, que nunca confiaram na voz interior, antes se adequaram inteiramente aos desejos dos pais. Muitas vezes têm a sensação de que se lhes havia defraudado a vida. Não foram elas mesmas que viveram, e, sim, foram vividas por outros. O lamento pela vida não vivida pode levar a uma resignação profunda, e até mesmo à depressão.

Alguém, por exemplo, nunca teve a coragem de viver suas agressões, porque, da primeira vez em que foi agressivo, foi castigado de modo tão brutal que reprimiu imediatamente qualquer sentimento de raiva e ódio. A repressão da agressão produziu nele o sentimento de impotência, de que jamais seria capaz de vencer na vida, que nunca chegaria a corresponder às exigências da vida. Nessas pessoas surge muitas vezes medo da vida, medo de não estarem à altura de suas exigências. A agressão reprimida volta-se contra elas mesmas e as priva de toda energia e da confiança na vida.

Outros lamentam a vida inteira o anseio não satisfeito por uma mãe amorosa ou um pai confiável. Por nunca terem experimentado em criança a mãe ou o pai, pelo qual ansiavam, negam a vida, ou procuram mães substitutas ou pais substitutos, os quais, porém, na maioria dos casos, também não podem satisfazer suas expectativas. A fé de que somos filhos e filhas de Deus deverá libertar-nos também aqui da constante procura por mães e pais humanos. Devemos ser gratos pelas boas experiências que fizemos com nossas mães e nossos pais, mas não podemos agarrar-nos a isso. Devemos devolver aos pais o que nos deram. Eles nos deram a vida, a educação, a base para nossa profissão. Devemos a eles nossas raízes, das quais pode brotar nossa árvore da vida. Mas não lhes devemos nossa singularidade, nossa figura única. Isso devemos a Deus. E pelo fato de o devermos a Deus, pertencemos a ele, devemos dar nossa vida a ele, entregar-nos a ele. Isso leva à verdadeira liberdade.

A liberdade que Jesus trouxe para os homens era, antes de tudo, também liberdade da Lei. Isso se expressa no dito de Jesus sobre a posição do cristão perante o sábado: "O sábado existe para o homem, não o homem para o sábado" (Mc 2,27). A celebração do sábado corresponde à ordem de criação de Deus. Deus, que descansou de seu trabalho no sétimo dia, também dá aos homens o mandamento de deixar de lado seu trabalho no sábado e dedicar-se ao descanso e alegrar-se na criação de Deus. Portanto, o mandamento do sábado foi criado para o homem. Mas a tradição transformou o filantrópico mandamento de Deus em lei rígida, cuja transgressão é castigada, por insignificante que seja, inclusive com a pena de morte. Com seu posicionamento, Jesus restabelece a liberdade original. "Deus quer parceiros livres, ligados a ele em seu coração, e que com base nessa ligação são capazes de decidir livremente sobre qual é a vontade de Deus em cada situação específica" (Grundmann, *Markus*, p. 93).

Muitos podem pensar que o conflito dos discípulos de Jesus por causa do sábado era um conflito tipicamente judaico, para nós há muito superado. Mas eu me confronto com muitas pessoas que pensam em seu coração de modo semelhante ao modo de pensar dos fariseus daquele tempo. Vivem em constante medo de que poderiam transgredir um mandamento de Deus. E se algo sai errado em suas vidas, vêem nisso imediatamente um castigo de Deus. Para nós já não são mais os mandamentos judaicos que nos afligem, e, sim, os mandamentos de nossos pais, que se encravaram em nós: "Uma coisa dessas não se faz. Assim não se deve pensar. Nunca se deve dizer uma coisa dessas". Na maioria das vezes, também os mandamentos dos pais tinham as melhores intenções. Mas em nós eles se tornam facilmente uma norma absoluta, que nos cerceia e nos mete medo. Nesse caso tais mandamentos interiores levam à escravidão.

Jesus prega nossa liberdade do poder absoluto das leis. Todas as leis existem para os homens, e não o contrário. O que realmente corresponde à nossa natureza, isso é a norma máxima. Se vivermos de acordo com nossa natureza, isso nos faz bem, então somos livres. E nesse instinto pelo essencial, também podemos transgredir um mandamento. Agostinho expressou isso em sua afamada máxima: "Ama, e faze o que quiseres". O amor corresponde a nossa natureza. Se amamos, agimos conforme a natureza; então fazemos o que é certo a partir de dentro, e não precisamos agarrar-nos ansiosamente aos mandamentos. Aí então somos verdadeiramente livres.

Jesus não apenas pregou a liberdade perante a Lei e perante as expectativas dos homens, mas também a viveu.

Quando curou o homem com a mão ressequida na sinagoga em dia de sábado (Mc 3,1-6), não se deixou determinar pelos olhares hostis dos fariseus, antes seguiu o próprio impulso. Fixou o olhar em cada um de seus adversários cheio de indignação e tristeza. Jesus se distanciou das expectativas deles, sem romper o contato com eles. Na ira ele se libertou do poder deles. Nesse momento traçou um limite claro entre si e eles: "Cá estou eu, e lá estão vocês. Eu entendo vocês e sua dureza de coração, seu temor e sua estreiteza que os torna tão enrijecidos e endurecidos. Eu, porém, não me deixo determinar por vocês e por seu coração estarrecido. Eu faço o que considero correto". Isso é verdadeira liberdade. Jesus não se deixa determinar pelas pessoas hostis. Ele não se deixa impedir de curar, nem se deixa impelir para a inimizade. Jesus age soberanamente, sem destruir a ponte que lhes oferece com sua tristeza (*syl-lypoumenos* – συλ-λυπούμενος = simpatizar, participar de sua tristeza).

"A verdade os libertará" – Evangelho segundo João

O Evangelho segundo João nos fala de muitas discussões de Jesus com os judeus. No diálogo constante em Jo 8,30-40 o assunto é a liberdade. Nesse diálogo Jesus discute com os judeus. Mas é provável que nessa passagem João também queira dar uma resposta à pergunta pela verdadeira liberdade, tal como era feita, em seu tempo, pela corrente espiritualista da gnose com sua busca por conhecimento remidor. João associa a verdade com a liberdade: "Se permanecerem em minha palavra, vocês são verdadeiramente meus discípulos. Então conhecerão a verdade, e a verdade os libertará" (Jo 8,31s). Enquanto Paulo responde aos judeus na diáspora com sua mensagem da liberdade dos cristãos, para os quais era determinante a pergunta pela justiça, o Evangelho segundo João revela "um mundo espiritual que aponta para o judaísmo heterodoxo, para o qual são características especulações esotéricas e uma tendência para o conceito dualista de Deus" (Niederwimmer, p. 223). O mundo espiritual para dentro do qual João pronuncia as palavras de Jesus assemelha-se a nossa atmosfera espiritualista hodierna com as correntes de *New Age* e esoterismo.

A verdade liberta

Nesse diálogo Jesus discute com os judeus que já se sentem livres, porque são filhos de Abraão. Ele lhes mostra na realidade que sua pretensa liberdade é ilusão. A descendência de Abraão não lhes serve para nada, porque são escravos do pecado. "Quem comete o pecado, é escravo do pecado" (Jo 8,34). Os judeus são representantes do mundo que vive na ilusão de que ele próprio poderia conquistar a salvação. Para João, o mundo não é a criação em si. Pois esta é boa, criada por Deus. O mundo é antes o mundo terreno do engano e da mentira, o mundo que se fecha para Deus, a criação pervertida (Bultmann).

> A realidade do mundo é mentira no sentido duplo: é mentira ao querer fazer algo que não se pode fazer – a saber, quando a criatura quer ser criador –, vivendo portanto na ilusão, e todos os seus valores têm o caráter da ilusão em si. É mentira quando ilude, quando faz passar sua realidade aparente, ou, na verdade, irrealidade, por verdade (Niederwimmer, p. 227).

O mundo que se tornou escravo da mentira priva o homem de sua liberdade. Cai na ilusão e perde o contato com a realidade, com a realidade de Deus e com sua própria realidade.

A verdade que nos liberta é a realidade divina. Todo o Evangelho segundo João nos relata que em Jesus Cristo penetrou a luz de Deus no mundo da mentira e das trevas. João entende a Jesus como revelador que indica a realidade de Deus em meio a esse mundo fechado. Mas ele não apenas fala sobre essa realidade de Deus. Ele mesmo é o revelador, ele mesmo é a verdade que levanta o véu que encobre o mundo e rompe o enclausuramento, para que a glória de Deus resplandeça nele. O próprio Jesus é o pão da vida (Jo 6,35),

> porque representa a verdadeira vida em um mundo alienado da origem da vida e porque ganhar a ele significa ganhar a vida. Ele é "luz do mundo" (9,12) porque representa – não apenas em suas palavras e feitos, e, sim, em pessoa – a realidade não falsificada. Ele é a "porta" (10,9), porque abre o acesso à origem perdida, ele é o "bom (autêntico, 'verdadeiro') pastor" (10,11 e 14), porque ele realmente pode guiar e conduzir o homem, enquanto toda condução com a qual este mundo guia a si mesmo é caminho para as trevas (*ibid.*, p. 229).

Sendo o próprio Jesus a verdade, ele traz a liberdade para o mundo. O próprio Jesus é a liberdade. Quem nele crê, experimenta a liberdade de toda mentira e ilusão, esse fica livre da escravidão do pecado, é libertado do enclausuramento deste mundo e transportado para a realidade de Deus.

Verdade chama-se "*aletheia*" (ἀλήθεια) no grego, isso significa estar desvelado, ser revelado. O véu que a tudo encobre é retirado e a visão se abre, entramos em contato com a verdadeira realidade. Vemos o mundo como ele realmente é, que ele é a boa criação de Deus, que neste mundo se revela a glória de Deus, que este mundo foi criado pela Palavra divina e cunhado por ela. Quem vê a realidade desse modo, esse é verdadeiramente livre. Libertou-se das ilusões que tinha a respeito do mundo.

Todos nós vivemos freqüentemente em alguma ilusão sobre nossa vida. Incorremos na ilusão de que somos os melhores e maiores e mais inteligentes, que conosco tudo está em ordem, que fazemos tudo certo. Vivemos na ilusão de que tudo teria que transcorrer corretamente, de que nós mesmos podemos fazer todas as coisas, de que nós mesmos podemos transformar-nos em cristãos bons e perfeitos. Iludimo-nos quando cremos que somos auto-suficientes, que não necessitamos de Deus para nossa vida. Tais ilusões levam para a escravidão. Estamos presos nessa realidade aparente. Ficamos pairando no ar, sem contato firme com a verdadeira realidade. A verdade nos libertará.

Somente se conhecemos a realidade tal qual ela é, podemos lidar corretamente com esse fator, podemos viver neste mundo como seres humanos livres. Então o mundo não tem poder sobre nós. Fabricamos ilusões a respeito do mundo porque no fundo de nosso coração temos medo dele, medo de seus abismos, de sua escuridão, medo do destino, medo do caos, medo da ameaça que está a nossa espreita em toda parte deste mundo. Conheço muitas pessoas que estão constantemente em fuga. Elas têm medo do silêncio. Aí poderia vir à tona algo que elas não dominam.

Certa vez organizei uma caminhada de uma semana para uma família. Propus que, a exemplo das excursões juvenis, também neste caso caminhássemos todos os dias uma hora em silêncio. Uma mulher protestou imediatamente. Isso lhe causaria medo. Nesta hora ela, afinal, não teria nada na mão e não saberia o que poderia vir à tona. Outra mulher se opôs ao silêncio porque as crianças não agüentariam. Mas atrás disso ela apenas escondia o próprio medo. Pois as crianças podiam lidar perfeitamente com o silêncio. No segundo dia já me perguntaram, curiosos, se repetiríamos a experiência "com os belos pensamentos". Silenciar significava para eles excogitar belos pensamentos, e refletir sobre os bons pensamentos que lhes vinham à mente.

Muitos estão a vida inteira na fuga de si mesmos. Por terem medo da própria verdade, fizeram-se escravos da própria atividade. Sempre tem que estar acontecendo algo. O pior que lhes pode acontecer seria que não estivesse acontecendo nada, que não tivessem nada com que pudessem defender-se contra a verdade emergente.

Livres nos tornamos somente se enfrentamos nossa própria verdade. Naturalmente isso é doloroso no início. Reconheceremos tantas coisas que reprimimos, onde fechamos os olhos porque a realidade não é como gostaríamos de vê-la. Podemos enfrentar a própria verdade sem medo somente se cremos que tudo que há em nós está envolto no amor de Deus. João nos prometeu isso em seu Evangelho na imagem do lava-pés. Em sua humanação e em seu morrer na cruz, Jesus se inclina até o pó dessa terra, até nossos pés, até nosso ponto vulnerável, até nosso calcanhar-de-aquiles, até as áreas desprotegidas de nossa alma, para ali nos tocar amorosamente e nos purificar. Com isso ele nos quer dizer que tudo pode ser, que tudo está bem, que tudo está envolto no amor de Deus.

Não se trata de nos lançarmos mutuamente a verdade na cara. Isso nos machucará e nos sobreexigirá. Trata-se antes da fé de que em Jesus Cristo a luz de Deus resplandece em minhas trevas, para que o amor de Deus habite também nos abismos de meu coração. E porque o amor de Deus habita até mesmo no mais profundo caos e na mais profunda escuridão, também eu posso entrar nesses recônditos ocultos de meu coração e morar neles. Pois nada há que me separe do amor de Deus que se inclinou em Jesus Cristo até meus pés poeirentos e sujos.

Sempre de novo me encontro com pessoas que têm medo da psicologia. Acham que se começassem a contemplar seus sonhos ou desvendar sua infância, aconteceria nelas uma explosão, aí nada mais restaria delas, sua pessoa desmoronaria por completo. Sempre tomo esse medo a sério. Pois é uma proteção que as pessoas precisam. Talvez seria exigir demais delas se ficassem olhando sozinhas para a profundeza de sua alma. Elas precisam alguém que se incline para seus pontos vulneráveis e os toque em amor semelhante ao de Jesus no lava-pés. Precisam da certeza de que não serão condenadas, de que nada existe nelas que as exclui do amor de Deus, que nada há nelas que não possa ser transformado pelo Espírito de Deus. Somente se acreditarem na mensagem de Jesus de que ele veio para sua escuridão como luz, elas podem enfrentar a própria escuridão. Isso as tornará verdadeiramente livres. Enquanto estão em fuga, precisam excogitar sempre novas estratégias a fim de reprimir a própria verdade. E sabem que isso não é possível. Pois no mais tardar à noite a verdade as alcançará. E serão torturadas por pesadelos. Ou o corpo lhes exporá impiedosamente sua verdade. E sabem que dificilmente podem esconder sua verdade perante outras pessoas.

Reiteradas vezes ouço no acompanhamento de pessoas palavras como: "Se os outros soubessem quem eu sou, que fantasias passam por minha cabeça, que pessoa perversa sou, eles me desprezariam". E nessas observações percebo que tais pessoas têm medo que os outros poderiam perceber em suas palavras, em seu comportamento, em suas promessas, em sua insegurança o que se passa nelas. Muitos se sentem inexoravelmente à mercê dos outros. Acreditam que os outros enxergariam os abismos de sua alma. E todo esforço que fazem para construir sua fachada seria em vão. Sentem-se como uma casa de vidro, para dentro da qual se enxerga de fora, na qual nada se pode ocultar.

Quem encarou sua verdade sabe que não precisa esconder a si mesmo, e que nada tem a esconder em si. Pois tudo pode ser, tudo está permeado pela luz de Deus. Deus habita em todas as profundezas de seu coração. E porque Deus, o Amor, habita nele, ele pode entrar nos aposentos da casa de sua vida e convidar outros a entrar. Isso dá um sentimento de liberdade e de sossego.

À semelhança dos sinóticos, também em João nossa liberdade tem algo a ver com a condição de filhos. Quem peca, torna-se escravo do pecado. O Filho de Deus, Jesus Cristo, não é apenas o revelador, e, sim, também o libertador: "Se, portanto, o Filho os libertar, vocês são verdadeiramente livres" (Jo 8,36). De nada adianta que os judeus apelem para sua descendência de Abraão. Ser membro de um povo ainda não garante a liberdade interior. Somente o Filho liberta de fato; ele faz de nós filhos e filhas de Deus. O Filho, que descansa no seio do Pai, nos revela a Deus tal como ele é de fato. E também nos revela a natureza do ser humano. Mostra-nos nossa verdadeira dignidade, nossa dignidade como filhos e filhas de Deus. Como filhos de Deus já não somos mais escravos do pecado. Em nós há vida eterna, uma nova qualidade de vida que o Filho nos presenteia.

O Filho pode dizer a respeito de si mesmo que ele é o caminho, a verdade e a vida (Jo 14,6). A verdade que nos liberta é o próprio Jesus, no qual nos aparece a realidade de Deus e a nossa própria realidade, no qual nos é desvendado o que no fundo somos de fato, e no qual se nos revela o amor de Deus. Somente nesse amor de Deus, que nos resplandece na face de Jesus Cristo, podemos encarar a própria verdade, podemos experimentar a liberdade que ele nos traz.

28

Entregar-se em liberdade pelos homens

Jesus, o Filho de Deus, se destaca por três atributos: pela liberdade (*eleutheria* – ἐλευτερία), pela liberdade de expressão (*parresia* – παρρησία), e pela livre auto-entrega na cruz. Jesus trilha seu caminho em toda liberdade. Ele também é livre na entrega de sua vida na cruz. Ainda que exteriormente possa parecer que ele é preso pelos soldados do sumo sacerdote e pregado à cruz pelos romanos, na realidade entrega sua vida em toda a liberdade por nós: "Por isso meu Pai me ama, porque entrego minha vida, para recebê-la de volta. Ninguém a tira de mim, pelo contrário, eu a dou espontaneamente" (Jo 10,17s).

"*Eleutheros*" (ἐλεύθερος) é derivado de "*erchomai*" (ἔρχομαι) e designa aquele que pode ir para onde quiser, que é seu próprio dono, independente de outros. Jesus trilha o caminho que ele quer. Pessoa alguma pode obrigá-lo a algo que ele mesmo não quer. Jesus, porém, não usa essa liberdade para sentir-se livre dos homens. Para ele, liberdade também significa essencialmente ser livre para os homens, entregar-se por eles em amor. Quem entende liberdade somente como poder fazer o que se quer, esse está amarrado demasiadas vezes em seus próprios desejos. A verdadeira liberdade se manifesta no fato de eu ser livre de mim mesmo, de poder empenhar-me por outros nessa liberdade, de poder dedicar-me livremente a uma obra, de poder esquecer a mim mesmo no serviço aos seres humanos.

Para o Evangelho segundo João, liberdade é essencialmente amor. Jesus diz a respeito desse amor que o liberta de todo agarrar-se a si mesmo: "Não há maior amor do que quando alguém entrega sua vida por seus irmãos" (Jo 15, 13). Quem em tudo que faz sempre tem que pensar no que resulta disso para ele mesmo, esse não é verdadeiramente livre, esse mesmo não experimenta de verdade o que é amizade. Amizade e amor precisam estar livres da compulsão de agarrar-se à própria vida. Essa liberdade, porém, não é um mérito que posso apresentar a Deus e aos outros, e, sim, manifestação de verdadeiro amor. Somente no amor a Deus e aos homens torno-me verdadeiramente livre.

Jesus que, como Filho de Deus, possuiu a si mesmo inteiramente, ao mesmo tempo era livre. Não teve necessidade de prender-se a si mesmo, antes, na liberdade, pôde inclinar-se até o pó de nossos pés, até a mais profunda ferida da morte. Paulo expressou essa visão joanina em seu hino: "Ele era igual a Deus, mas não se prende no fato de ser igual a Deus, antes se esvaziou e se tornou como um escravo e igual aos seres humanos" (Fl 2,6s).

Nós queremos ser como Deus, e vigiamos receosos para ficarmos com nossa grandeza. Quem experimenta Deus dentro de si, esse não precisa agarrar-se a si mesmo. Está livre para inclinar-se. Pois sabe que também na humilhação Deus está nele. Quem se agarra convulsivamente em si mesmo, esse não está consigo, e esse não experimentou Deus verdadeiramente. A liberdade para entregar-se também sempre é critério de verdadeira experiência de Deus. A certeza de que Deus está em mim liberta-me de toda auto-segurança e autofixação.

E ainda há outra atitude que caracteriza a liberdade de Jesus: a obediência. Jesus não trilha seu caminho arbitrariamente, e, sim, na obediência a seu Pai. A obediência ao Pai o liberta da submissão aos homens. A essa liberdade de filho ele também quer conduzir a nós. Se dermos ouvidos à voz de Deus e observarmos seus mandamentos, somos verdadeiramente livres, e os homens não têm poder sobre nós, o mundo não tem poder sobre nós. Pois na obediência ao Pai Cristo venceu o mundo (cf. Jo 16,33). Ele arranca também a nós do poder deste mundo, de seus critérios, de seus juízos, de suas pretensões, de suas expectativas. Quem como filho e filha dá ouvidos à voz de Deus, torna-se independente das vozes dos homens que o avaliam, julgam, criticam, querem empurrá-lo em determinada direção.

Parresia (παρρησία) – a liberdade de expressão

O que caracteriza Jesus em João antes de mais nada é a "*parresia*" (παρρησία), o livre discurso. *Parresia* é para os gregos uma propriedade importante do cidadão livre. *Parresia* significa, por um lado, o direito de dizer no Estado tudo o que se pensa. Por outro, ela designa a coragem de dizer a verdade, independentemente da opinião do outro. E ela designa a franqueza e a confiança de dizer a verdade perante outros (cf. Schlier, ThW, 878s). Ao lado da importância política, a *parresia* desempenha um papel importante na amizade pessoal entre os gregos. Ela é sinal da amizade. É a franqueza de também poder censurar o amigo e de lhe dizer tudo o que pesa no próprio coração e o que se percebe no amigo.

Jesus tem a pretensão de ter falado abertamente e com toda a franqueza: "Falei abertamente (*parresia*) perante todo mundo" (Jo 18,20). Mesmo assim sua verdadeira natureza permanece oculta aos judeus (cf. Jo 10,24). Somente quando ele nos envia o Espírito da verdade (Jo 16,13), ele nos anunciará o Pai desvelada e abertamente (cf. Jo 16,25).

Na Primeira Epístola de João a *parresia* nos é concedida como abertura e confiança diante de Deus. A pressuposição para confiança aberta em Deus é a boa consciência: "Se, todavia, o coração não nos condena, temos confiança (*parresia*) diante de Deus" (1Jo 3,21). E temos essa confiança de dizer perante Deus tudo que está dentro de nós, porque temos o Espírito "que ele nos deu" (1Jo 3,24). Para Schlier, a *parresia* é "a liberdade perante Deus, o direito e o poder de dizer tudo a Deus" (*op. cit.*, p. 879). Ela sempre está lá "onde alguém, instruído pelo Espírito na obediência ao mandamento de Jesus, unido com a vontade de Deus, se abre a ele na oração" (*ibid.*, p. 879).

Portanto, *parresia* também é um dom importante que Jesus Cristo, o Filho e revelador de Deus, nos dá. Deparo-me muitas vezes com pessoas que, antes de cada entrevista, quebram a cabeça sobre o que deveriam dizer, para que produza bom efeito. Escreveu-me certa vez um especialista do fisco, que tivera as melhores notas no exame, mas simplesmente não conseguia obter o emprego apropriado. Antes de cada entrevista matutava dias a fio sobre o que deveria dizer, o que as pessoas poderiam pensar se dissesse isso ou aquilo, se então reconheceriam que tem problemas psíquicos. Elabora mentalmente os detalhes de cada entrevista e projeta as conseqüências que suas palavras poderiam provocar no chefe da empresa. Isso o torna tão tenso que na hora da entrevista nada consegue dizer que faça sentido. Por ter medo que poderiam interpretar mal suas palavras, fica pensando a cada palavra o que outros poderiam pensar a respeito. Desse modo fica inteiramente bloqueado.

A maioria de nós provavelmente não chega a esse ponto. Mas também conheço isso de entrevistas anteriores, quando me preocupei demasiadamente pensando no que os outros esperam de mim, que impressão eu causaria nos outros, que conseqüência isso poderia ter para mim, etc. Tal medo impossibilita qualquer conversa sensata.

Medo (*phobos* – φόβος) é o antônimo da *parresia*, da franqueza. Muitos têm medo de que suas palavras revelariam a seu respeito algo que prefeririam esconder. Outros poderiam deduzir de suas palavras, de seus gaguejos, de seu tom de voz, de suas inibições tudo aquilo que reprimiram com muito esforço. Eis novamente o medo da própria verdade, agora, porém, o medo de que os outros poderiam reconhecer minha verdade. Para João, podemos superar esse medo somente acreditando que Cristo nos concedeu seu Espírito, que no Espírito de Jesus temos acesso ao Pai, que Deus está perto de nós nesse Espírito, e que pelo Espírito temos comunhão com o Deus trino. "Se alguém me ama, permanecerá em minha palavra; meu Pai o amará, e nós chegaremos a ele e habitaremos com ele" (Jo 14,23). Porque Deus habita em nós, porque somos aceitos e amados por ele irrestritamente, não precisamos ter medo se pessoas pensam alguma coisa negativa a nosso respeito. Não dependemos de sua opinião.

Naturalmente sei que para muitos esses pensamentos não servem para nada isoladamente. Apesar de entenderem perfeitamente que não é tão importante o que outros pensam a nosso respeito, eles não conseguem livrar-se do medo de sua opinião. Apesar de tudo, vão a toda entrevista e a todo grupo com esse medo do que poderiam pensar deles. Demasiadas vezes projetam então sua própria auto-rejeição nos outros e interpretam toda pequena observação como rejeição, crítica, condenação, desvalorização. Demanda tempo até que alguém se aprofunde com tal intensidade no amor de Deus, que habita em nós, até que a realidade de Deus se torne mais forte do que os pensamentos que fazemos de nós e de outros, até que o Espírito de Deus nos permeie mais do que o espírito do medo e da preocupação.

Essa liberdade não se conquista com um truque. Mas deparei-me demasiadas vezes com casos em que pessoas que se esforçaram por muito tempo no intuito de poderem crer na realidade de Deus em suas vidas, de repente se sentiram inteiramente livres. Um sacerdote, atribulado por muitos temores, contou-me que houve um rápido momento em que se sentiu totalmente livre. Isso foi para ele um sentimento de felicidade. E aí se rompeu um muro. Aí cresceu a esperança de que essa experiência sempre de novo pode reprimir o medo. Essa experiência de liberdade foi, ao mesmo tempo, experiência de Deus.

Se realmente apreendemos a Deus na fé, estamos simultaneamente livres, de repente deixam de ser importantes todas as preocupações com o que outros pensam de nós, qual a impressão que causamos. Aí somos inteiramente nós mesmos, aí somos verdadeiramente filhos e filhas de Deus. Aí experimentamos o Espírito que Cristo nos outorgou, como Espírito da liberdade (*eleutheria* – ἐλευθερία) e da franqueza (*parresia* – παρρησία).

A mensagem da liberdade em Paulo

Paulo é certamente o apóstolo que fez as experiências mais profundas do que é liberdade cristã. Ele experimentou a falta de liberdade no próprio corpo. No obstinado afã de apresentar serviço, viu-se pressionado de tal maneira que não tinha mais saída. Com esforços crescentes tentou observar os mandamentos da tradição. Nisso tornou-se paulatinamente mais agressivo contra pessoas que pensavam de modo diferente. Perseguiu os seguidores do "novo caminho" (At 9,2), evidentemente porque este o desconcertara e fascinara ao mesmo tempo.

Muitas vezes perseguimos justamente aquele pelo qual estamos fascinados. Paulo não conseguiu livrar-se desse círculo vicioso por suas próprias forças. Deus mesmo teve que libertá-lo do terror que encenava não somente perante os cristãos, e, sim, também contra seu próprio coração. Assim caiu por terra, caiu do cavalo do alto do qual havia condenado todas as pessoas que pensavam de modo diferente. Todo o edifício de sua vida construído até aquele momento ruiu por terra. Sua visão obscureceu-se. Ele, que com sua vontade atacara a tudo que queria, ficou desamparado. Nada mais podia fazer por si mesmo. Teve que deixar-se guiar por outros e deixar-se instruir por eles, e isso justamente na doutrina que ele havia perseguido até então. Essa experiência fundamental fez de Paulo um arauto da liberdade cristã. Ele, que conheceu o cárcere interior do coração humano como ninguém, mudou completamente de tom no anúncio da liberdade, um tom que também hoje ainda soa de modo fascinante, e o qual até hoje ainda não ouvimos na plenitude de seu som.

Para nós é confortante o fato de que também depois de sua conversão Paulo ainda carrega traços coercitivos, que seus sintomas neuróticos não desapareceram simplesmente. Mas justamente em seu espírito coercitivo, que transparece em muitas passagens de suas cartas, Paulo desenvolveu uma profunda sensibilidade para a falta de liberdade do ser humano e para a liberdade para a qual Jesus Cristo nos libertou. Em sua índole coercitiva, Paulo faz constantemente a experiência em seu próprio corpo de que não pode fazer o que gostaria de fazer, que nele há outra lei que o determina. Por isso também tem um vislumbre do que significa o dom da liberdade que Cristo nos trouxe.

Livre de coações

Paulo contrapõe a liberdade dos filhos à escravidão, na qual nos encontrávamos antes de Cristo:

> Quando, porém, estava cumprido o tempo, Deus enviou seu Filho, nascido de uma mulher e sujeito à Lei, para que resgatasse aqueles que se encontram sob a Lei, e para que alcançássemos a condição de filhos. E porque vocês são filhos, Deus enviou o Espírito de seu Filho em nosso coração, o Espírito que clama: Aba, Pai. Por isso não és mais escravo,

mas filho; se, porém, és filho, também és herdeiro, herdeiro por meio de Deus (Gl 4,4-7).

Essa é a mensagem central que Paulo escreve aos gálatas e na qual resume o Evangelho de Jesus Cristo tal como ele o entende. Cristo nos libertou porque de escravos nos tornou filhos e filhas de Deus, nosso Pai. É uma escravidão quádrupla da qual Paulo escreve, é uma liberdade quádrupla, para a qual Cristo nos conduz.

Aí temos, em primeiro lugar, a escravidão do pecado. Paulo justapõe os dois termos "*doulos*" (δοῦλος – escravo) e "*eleutheros*" (ἐλεύθερος – liberto). O escravo tem que realizar um serviço, queira ou não. "Se o homem é escravo do pecado, ele não consegue livrar-se do pecar; ele entrou na esfera de um poder estranho" (Niederwimmer, p. 114). Para Paulo, pecado não é uma livre decisão da pessoa, que estivesse em sua vontade. Antes, o ser humano está vendido ao pecado. "Já não sou eu que age desse modo, e, sim, o pecado que habita em mim" (Rm 7,17).

Evidentemente existe no ser humano uma tendência para pecar, uma tendência para colocar a si mesmo como absoluto e declarar-se independente de Deus. Aqui pecado não é a transgressão de mandamentos, e, sim, "a tentativa do ser humano de colocar-se como absoluto" (*ibid.*, p. 116). Paulo pode descrever o pecado como poder autônomo. "O pecado veio para o mundo (Rm 5,12), assumiu o poder (5,21). O ser humano é seu escravo (6,16ss), está vendo sob o pecado (7,14), ele habita em nós (7,17.20)" (*ibid.*, p. 115).

O segundo tipo da escravidão refere-se à Lei. A Lei não é má em si. Afinal, foi criada por Deus mesmo, para que o homem possa viver de acordo com a vontade de Deus. Mas a Lei "atinge o pecador, com seu apelo põe o pecador em movimento e com isso também o pecado" (*ibid.*, p. 118). Em vez de salvar o homem, ela o escraviza. Não que a Lei seja má em si, mas o ser humano está sempre no perigo de não lidar bem com ela. Ele falsifica a intenção da Lei quando acha que ele mesmo poderia conseguir sua salvação, bastando cumprir todos os mandamentos. Nesse caso, a Lei não conduz o ser humano a Deus, e, sim, somente à própria auto-afirmação. Ele quer demonstrar a si e a Deus que é bom e capaz de fazer o bem. Nisso não está interessado em Deus, e, sim, em si mesmo, na própria justiça. Quer mostrar a Deus que não lhe resta outra alternativa senão recompensá-lo. Não é importante para ele o encontro com o Deus vivo, e, sim, a prova de que ele mesmo é bom e correto. Com isso, porém, o homem se fecha perante Deus por meio da Lei, perante Deus que quer seu coração e não seus méritos.

O ser humano é, além disso, "escravo do engano e da mentira" (*ibid.,* p. 135). É o pecado que ilude o ser humano e o engana (cf. Rm 7,11).

> O ludíbrio com o qual o pecado engana consiste, de acordo com Paulo, no fato de que o pecado pretexta proporcionar a vida, mas que em verdade leva para a morte. No pecar o ser humano espera conseguir sua verdadeira existência, acha que estaria perdendo algo, sua vida, a si mesmo, se deixasse de pecar. No pecar, o homem se encontra sob a poderosa impressão de um ludíbrio, de uma troca de verdade e pretensa verdade, mentira (*ibid.*, p. 136s).

O ser humano é enganado pela ilusão vã, por querer gloriar a si mesmo. Gloriar-se de seus valores e de seus feitos, como se tivesse tudo de si mesmo. Na realidade o recebeu de Deus como dádiva (cf. 1Cor 4,7). Ele se ilude a si mesmo, engana a si mesmo com sua vanglória gabola.

A quarta forma da escravidão é o fato de estarmos entregues ao poder da morte. O ser humano é escravo da morte. Com morte Paulo não se refere simplesmente à morte natural no fim da vida. Para Paulo a morte é, antes, conseqüência do pecado. No pecado, o ser humano se separa da origem da vida, e desse modo se entrega à esfera do poder da morte. "Quem existe sob o pecado, 'ganha' como 'salário' a morte. O pecado paga o pecado de seus escravos com a morte" (*ibid.*, p. 138).

O poder da morte revela-se na transitoriedade do homem, na decomposição de todos os seres viventes, no absurdo, no enrijecimento, em estar cortado da verdadeira vida, na decepção e no desespero. Na verdade, visto de fora, vivemos, mas na realidade estamos mortos, estarrecidos em muitas coerções. Nada mais sai de nós. Enclausuramo-nos em nosso medo e em nossa estreiteza. Encolhemo-nos convulsivamente em nós mesmos. Assim nada mais pode fluir. A corrente da vida secou-se em nós. Mesmo vivendo, estamos mortos.

Dessa escravidão quádrupla Cristo nos libertou. Essa é a boa-nova de Paulo. A pergunta é como podemos entender essa afirmação. Paulo pode expressar isso em diferentes figuras. Temos aí, em primeiro lugar, a figura de que não somos mais escravos do pecado, mas nos tornamos escravos da justiça. Quem é escravo da justiça, esse é verdadeiramente livre. Não precisa mais preocupar-se com sua própria justiça, não precisa adquiri-la por meio de seus esforços. Sabe que está certo, porque o próprio Cristo o direcionou conforme a vontade de Deus, porque Cristo lhe concedeu seu Espírito. A verdadeira liberdade, para a qual Cristo nos conduziu, é a liberdade do Espírito. Nesse Espírito não precisamos mais viver no medo de que seremos medidos por nossos méritos.

Pois não receberam um espírito que os escraviza, de modo que deverão continuar vivendo no medo, mas receberam o espírito que os torna filhos, o espírito no qual clamamos: Aba, Pai! (Rm 8,15).

O Espírito que recebemos por meio de Cristo é como um campo de força no qual nos encontramos, e no qual estamos livres dos poderes deste mundo. O Espírito é como um cômodo no qual entramos, como uma dimensão do novo ser, como a dimensão da liberdade. Paulo sempre volta a falar disso: "Pois a lei do Espírito e da vida em Cristo Jesus te livrou" (Rm 8,2). Quem vive do Espírito de Cristo, esse experimenta liberdade. Quem, todavia, é dominado pelo espírito deste mundo, é escravo do pecado, não é livre.

Livres do pecado

Na Segunda Epístola aos Coríntios encontramos uma passagem singular, com a qual os exegetas se ocuparam desde sempre: "O Senhor, porém, é o Espírito, e onde atua o Espírito do Senhor, aí há liberdade" (2Cor 3,17). Na circunvizinhança da comunidade de Corinto a liberdade era um lema da pregação. Paulo usa aqui uma típica palavra de salvação da gnose. Para a gnose o próprio conhecimento já era liberdade. No verdadeiro conhecimento, o gnóstico se alça acima deste mundo, de modo que este não tem poder sobre ele. Paulo responde à palavra de salvação gnóstica dizendo que a presença do Cristo exaltado no Espírito concede aos cristãos a verdadeira liberdade. Onde alguém está em Cristo, ele não é somente nova criação (cf. 2Cor 5,17), e, sim, aí ele também está livre do poder do mundo, aí nem o pecado tem poder sobre ele, nem todos os homens com suas pretensões, aí o ser humano encontra sua verdadeira dignidade e liberdade.

A liberdade para a qual Cristo nos libertou é a liberdade do pecado, da Lei e da morte. A liberdade do pecado se revela no fato de, como Jesus, não vivermos mais para nós mesmos, e, sim, para Deus. No Espírito que Cristo nos concede, "a existência está libertada de sua auto-referência e de seu enclausuramento" (*ibid.*, p. 188). Quando o ser humano não está mais enclausurado em si mesmo, mas está em Cristo, então ele livrou-se do pecado.

"Tornando-se propriedade de Deus, o homem adquire sua particularidade" (*ibid.*, p. 189). A lei do Espírito nos liberta da lei do pecado e da morte (Rm 8,2). Já não é mais a Lei que nos determina, e, sim, a graça que nos apareceu em Jesus Cristo, e o Espírito que recebemos por meio dele. Do mesmo modo a morte perdeu seu poder sobre nós. Pois já morremos e ressuscitamos com Cristo. Já vivemos além do limiar. Portanto, a morte não tem mais poder sobre nós. A liberdade da morte é, simultaneamente, a liberdade do medo e da preocupação que escraviza o homem terreno.

A pergunta é o que essas afirmações teológicas de São Paulo significam concretamente, como podemos viver delas. Quero tentar traduzir a mensagem da liberdade para dentro de nossa vida na explicação de três passagens das epístolas paulinas.

Aí se nos apresenta como primeira a afamada passagem da Epístola aos Gálatas: "Para a liberdade foi que Cristo nos libertou. Portanto, permaneçam firmes e não permitam que se lhes imponha novamente o jugo da escravidão!" (Gl 5,1). Paulo polemiza aqui contra uma piedade nomista, que entende mal a redenção por Jesus Cristo, e que novamente espera a salvação de obras exteriores, p. ex., da circuncisão. A circuncisão, assim argumenta Paulo, dá razão à Lei. Quem se deixa circuncidar, espera a salvação da circuncisão, e não de Jesus Cristo. Mas isso é uma falsificação da liberdade que Cristo nos trouxe. Para nós hoje não basta ler esse texto apenas como a correta doutrina da justificação somente pela fé. A pergunta é o que esse texto me tem a dizer em minha situação pessoal.

Para Paulo, Cristo é aquele que o liberta de pressões exteriores e interiores. E hoje estamos dominados por tais pressões do mesmo modo como o homem daquele tempo. Temos aí, p. ex., a obrigação de apresentar algo perante Deus, de termos que mostrar serviço perante ele. Essa coação está profundamente encravada em nosso coração. Seja de modo consciente ou inconsciente, de algum modo continuamos acreditando que temos que merecer o direito de nossa existência, que temos que apresentar algo tanto perante Deus para podermos subsistir perante ele, como também perante os homens, para sermos benquistos deles.

Isso pode ser, p. ex., a obrigação de ser perfeitos, que nos leva a evitar qualquer erro. No acompanhamento de pessoas constato muitas vezes a tirania que esse perfeccionismo pode exercer. Aí pessoas são coagidas a se sobreexigirem constantemente, porque têm medo de que poderiam cometer um erro. E quando cometem um erro, elas não prestam mais, aí todo o edifício de sua vida desmorona. Por isso tentam controlar constantemente seu comportamento, as emoções e as palavras. No entanto, quanto maior o controle, tanto mais sua vida lhes foge do controle. Têm o pensamento fixo em evitar qualquer falta, não obstante, tropeçam de um fracasso ao outro. Por mais que se esforcem, não escapam da coerção. Podem perscrutar o perfeccionismo e amaldiçoá-lo, mas, não obstante, continuam sendo impelidos por ele a fazerem mais do que lhes é adequado.

Existe também a pressão no sentido de conseguir tomar a vida nas próprias mãos. Passam por minhas mãos muitas pessoas que por volta da metade da vida entram em crise. Muitos não admitem a crise. Antes de mais nada, ninguém deve perceber que sua vida saiu do prumo, como gostariam de aparentar. Por isso tentam vencer a crise à força. Alguns então correm de um terapeuta ao outro sem se submeterem de verdade a uma terapia. Acham que quanto mais conhecido o terapeuta, e quanto mais dinheiro gastam com ele, tanto antes poderiam recuperar o domínio sobre sua vida.

Outros acreditam poder resolver todo os problemas com uma alimentação sadia. Uma alimentação sadia certamente faz bem a todos nós. Mas quando creio que poderia resolver todos os problemas com um único método, estou enganado. E serei coagido a seguir esse método com rigor cada vez maior. Todo meu pensar passa a girar unicamente em torno da alimentação sadia. O único assunto nas conversas com os amigos passa a ser a escolha de alimentos. Tento então missioná-los e convencê-los de que todos os seus problemas têm origem no fato de não comerem com a devida consciência. Mas não encaro minha realidade. Antes, procuro atribuir meus problemas a uma única causa.

Nosso velho professor de Filosofia sempre nos advertiu sobre todo aquele que tenta explicar tudo a partir de uma única causa. Isso sempre é heresia, dizia ele. Em vez de me confrontar com minha condição de ser humano, incorro na heresia de que, por meio de um método cada vez mais refinado, eu poderia voltar a dominar novamente a situação toda e superar a crise. Em vez de me deixar sacudir pela crise e de me deixar levar a um modo de vida mais adequado, tento acabar com a crise o mais rápido possível. Outros sujeitam-se à pressão de resolver seus problemas com exercícios diários. Aí a corrida pelo mato deixa de ser um prazer, não conseguem mais gozar a natureza, não ouvem mais o gorjeio dos pássaros, sua atenção está concentrada unicamente na quilometragem que têm que percorrer todos os dias. Outros ainda são entusiastas de cursos esotéricos e de seus métodos de cura. Quanto mais estranhos, tanto mais prometem a cura de todas as feridas. No esoterismo certamente também se redescobrem boas tradições cristãs e religiosas, que esquecemos de tanto racionalismo. No entanto, sempre que se espera tudo de um método desses, cai-se justamente na coação da qual Cristo nos libertou, de acordo com São Paulo, que nos quer dizer:

Não precisas empenhar toda a tua energia nesses métodos. Tu és bom e certo tal como és. Em Cristo não importam tuas realizações, o que fazes por ti e por outros; o que interessa é que creias nele e que tua fé se manifeste no amor (cf. Gl 5,6). Por meio de seu amor, que melhor se evidenciou em sua morte na cruz, Cristo te mostrou que Deus te ama incondicionalmente, que não mais precisas comprar tu mesmo teu direito de existir. És precioso perante Deus. Cristo te demonstrou isso na cruz. Crê nisso. E não abandones nunca mais esse caminho da fé e da liberdade, para escravizar-te novamente, para te deixares determinar de novo por coações, que são manifestação da descrença e do medo.

Tudo é permitido

Outra passagem importante é 1Cor 6,12-20 combinada com 1Cor 10,23s. Nelas Paulo cita primeiro um lema da gnose, o qual, ao que parece, estava em voga em Corinto: "Tudo me é permitido – mas nem tudo me é de proveito. Tudo me é permitido, mas nada deve ter poder sobre mim" (1Cor 6,12). Aqui aparece a importante palavra "exousia" (ἐξουσία). Ela significa a liberdade, a permissão de agir a meu bel-prazer, o poder, o direito. Com os gnósticos, Paulo pode afirmar a absoluta liberdade do cristão. A Lei não tem poder sobre nós. Quem vive do Espírito, está acima de tudo. Mas essa liberdade tem seu limite no amor ao ser humano e no efeito sobre a comunhão e sobre mim mesmo. Em 1Cor 6,12-20 Paulo recomenda cuidado para que nada ganhe poder sobre nós. Se seguirmos simplesmente a nossos caprichos, não somos verdadeiramente livres, somos determinados pelo próprio humor. Isso vale para Paulo justamente em vista da sexualidade. Libertinismo sexual é uma liberdade aparente para Paulo. Na realidade, a pessoa que é impulsionada por sua sexualidade, é escrava de suas próprias paixões. Paulo não anuncia aqui uma ética sexual repressiva, tal como ela foi desenvolvida com demasiada freqüência na Igreja Católica, argumentando com Paulo. O critério da ética sexual paulina é antes "a pergunta até que ponto determinado comportamento é capaz de prejudicar a liberdade dos cristãos" (*ibid.,* p. 203).

Para Paulo, a sexualidade é um dos elementos deste mundo. Ela tem seu direito de ser, mas não tem a última palavra sobre o homem. Pois o homem não pertence a este mundo, e, sim, a Deus, respectivamente a Cristo: "Vocês não sabem que seus corpos são membros de Cristo? [...] Quem se une ao Senhor, é *um* espírito com ele" (1Cor 5,15.17). Paulo não está interessado em atiçar o medo da sexualidade, como infelizmente o fizeram sempre de novo apóstolos cristãos da moralidade, e, sim, na questão da liberdade. Porque pertenço a Cristo e não a mim mesmo, devo lidar com minha sexualidade em toda liberdade, mas não devo permitir que ela me domine. Do contrário, ela me leva à escravidão. Também em minha sexualidade eu pertenço a Deus e não a um ser humano.

A ética sexual católica levou muitas pessoas ao medo e à escravidão. Elas sempre tinham à sensação de que a sexualidade seria algo ruim, que deveriam dominar. Sua vitalidade defendeu-se contra essa visão estreita. Mas isso então levou muitos a um dilema. Restava-lhes somente a saída de reprimir sua sexualidade ou continuar vivendo no dilema. E se a sexualidade se manifestou na masturbação, as pessoas castigaram a si mesmas por meio de autodesvalorização e autodesprezo.

Esse caminho não corresponde ao caminho da liberdade que Paulo nos mostra. O caminho da liberdade consiste em aceitar com gratidão a sexualidade como boa dádiva de Deus, e em viver – seja eu casado ou solteiro – de acordo com minha existência. Como, porém, a sexualidade é parte integrante deste mundo, ela também não pode separar-me de Deus. Em vez de castigar a mim mesmo, sempre de novo devo deixar-me lembrar pela sexualidade de que pertenço a Deus, e não a mim mesmo (1Cor 6,19). Então ela me conduz à liberdade. Sei que todo o meu corpo pertence a Deus, também a sexualidade, que o Espírito de Deus permeia tudo em mim, e que ele quer habitar em todo o meu corpo como templo. Isso me livra de angustiante fixação na sexualidade e da nefasta dissociação sob a qual muitos sofrem. A sexualidade me lembra do alvo de minha existência cristã: glorificar a Deus com todo o meu corpo (1Cor 6,20).

Liberdade e amor – a responsabilidade da liberdade

O amor aos homens e o efeito de meu comportamento sobre a comunidade é outro critério para o uso correto da liberdade. Paulo fala disso em 1Cor 10,23s: "Tudo é permitido – mas nem tudo é proveitoso. Tudo é permitido – mas nem tudo edifica". O cristão naturalmente pode comer da carne sacrificada a ídolos, que é vendida no mercado público. Isso não atinge sua consciência. Aí vale o princípio da liberdade. Do mesmo modo pode comer da carne sacrificada a ídolos quando é convidado para uma casa privativa.

No entanto, se acontecer de alguém escandalizar-se com isso, o cristão deve renunciar a essa liberdade (exousia –

ἐξουσία), embora sua própria consciência não seja atingida por isso. O próprio Paulo observa essa regra: "Por isso, se algum alimento escandaliza a meu irmão, jamais quero comer carne de novo, para não dar motivo de escândalo a meu irmão" (1Cor 8,13). O que edifica a comunidade, o que é útil para seu convívio é mais importante para o apóstolo do que a própria liberdade. A verdadeira liberdade consiste em renunciar a ela em favor de outros.

Aqui se estabelece um princípio importante para a liberdade cristã. Não devemos deixar-nos determinar por leis, e, sim, unicamente pelo Espírito de Cristo, que sempre é também o Espírito do amor. Também não devemos deixar-nos atribular pelos próprios escrúpulos, pois esses muitas vezes têm sua origem numa educação receosa e mesquinha. O cristão é livre. O mundo não tem poder sobre ele. Ele não precisa perguntar-se constantemente se será castigado se faz alguma coisa que contraria as normas dos pais ou as normas interiores. Mas também não deve transformar sua liberdade em ideologia. A verdadeira liberdade consiste em também poder distanciar-me dela.

Quem quer tornar-se adulto, tem que libertar-se interiormente de seus pais. Mas há os que entendem essa liberdade de modo errado. Não podem mais visitar os pais, porque logo dá briga. A cada desejo que os pais manifestam, logo pressentem uma tentativa de encampação. Têm a sensação de ainda serem tratados como crianças, e defendem-se com veementes acusações. Acham que devem isso a sua liberdade. Mas se realmente se libertaram da influência dos pais, também podem ceder. Talvez sintam que os pais gostariam de tratá-los ainda como crianças. Mas distanciaram-se disso. Por se terem tornado adultos e independentes, podem aceitar essas expectativas com humor, sem deixar-se determinar por elas, mas também sem reagir de mau humor e em espírito belicoso a toda suposta tentativa de encampação. Eles são livres e não se deixam encampar.

Ou reagem com serenidade, não dando ouvidos a muitos desejos e ataques, ou entram no jogo pelas poucas horas que passam na companhia dos pais. Não querem magoar os pais desnecessariamente, não querem protagonizar escaramuças desnecessárias, que nada produzem. Não se adaptam resignados, antes agem em plena liberdade, mas numa liberdade que é de proveito tanto para eles mesmos quanto para os pais. Pois, que proveito há em protagonizar constantes combates de trincheira, que levam a nada? A verdadeira liberdade se revela no fato de poder ir livremente ao encontro do outro e satisfazer seus desejos, sem me vender ou trair.

No serviço de acompanhamento deparo-me com confrades que não se sentem livres em sua comunidade. Tudo parece tão apertado, tudo está regulamentado. Para as próprias necessidades sequer existe espaço. Se uma irmã se queixa de quão restrita é sua comunhão, tento, em primeiro lugar, descobrir com ela onde ela pode defender-se dessa estreiteza, onde pode resistir e lutar pela liberdade. Mas essa luta também não deve tornar-se uma luta contra moinhos de vento, do contrário lhe poderia acontecer o que aconteceu a Dom Quixote. Também deve ser realista em relação ao que pode ser mudado e ao que não pode.

Outro caminho seria experimentar, apesar da estreiteza, que ela não pode resolver, a amplidão e a liberdade interior. Inclusive, quando exteriormente nada muda, sempre também depende de mim se me sinto verdadeiramente livre. Ninguém pode dispor de minha consciência. O que acontece em meu coração independe de todos os demais. Em minha relação pessoal com Deus sou inteiramente livre. Aí ninguém deve se intrometer. E, ao mesmo tempo, experimento nessa relação pessoal com Deus verdadeira liberdade. Também posso seguir meu caminho interior em uma comunidade que não tem compreensão para comigo, que me quer coactar a força.

Naturalmente, isso não deve ser uma mera retirada para a interioridade. E, sobretudo, não deve ser expressão de resignação interior. Infelizmente é por demais freqüente a experiência com monges inteiramente resignados, e que se endurecem em sua amargura. Isso nunca faz bem à vida espiritual. Para mim, espiritualidade sempre é o caminho para a liberdade. Eu mesmo devo perceber quanta liberdade exterior tenho que conquistar, onde vale a pena empenhar-me por uma comunhão mais ampla e mais livre, e onde, apesar de toda luta, outra coisa não resta do que o caminho para a liberdade interior. Mas também aí tenho que perguntar sempre com sinceridade se me sinto realmente livre, se vou bem nessa liberdade, ou se, apesar de toda a tentativa de me libertar interiormente, acabo amargurado e, por fim, não obstante, me deixo determinar por outros nessa amargura.

Uma área decisiva na qual o princípio Paulino da consideração para com a consciência dos outros é útil, é a amizade e a parceria. Tomemos um homem jovem que tem uma namorada firme, com a qual deseja casar-e. Mas não vê nada de inconveniente em ir à sauna depois do jogo com outra mulher, com a qual joga tênis regularmente. Ele acha que tem a liberdade de fazer o que lhe agrada. E, afinal, isso não seria infidelidade para com sua namorada. Quando então a namorada protesta, porque simplesmente não agüenta a situação, muitas vezes se manifestam acusações de que ela seria muito pudorosa e mesquinha, que ela não poderia restringir-lhe a liberdade.

Aqui não é a consciência da namorada que o rapaz deve tomar em consideração, e, sim, seus sentimentos. Não devo alçar meus sentimentos à norma suprema. Numa amizade, também devo respeitar os sentimentos do parceiro. Aí de nada adianta dizer: "Eu não me importaria com isso; vejo na ida à sauna com a pessoa conhecida uma manifestação de minha liberdade". É perfeitamente possível que isso não faça nenhuma diferença para o rapaz e não prejudique sua fidelidade à namorada. Mas ele também tem que tomar sua namorada a sério, e não deve incutir-lhe como ela deveria sentir, até que ponto ela deveria sentir-se livre e ser compreensiva. Tomar o outro a sério sem avaliar seus sentimentos – eis o pressuposto para uma amizade e uma parceria autênticas.

Deparo-me com muitos casais que acham que podem conviver com uma relação triangular. Na maioria das vezes, porém, o parceiro ou a parceira já percebe em curto espaço de tempo que assim simplesmente não dá, que, apesar de toda boa vontade de conceder liberdade ao outro, se sente tão ferido em seus sentimentos, que já não suporta mais a relação do parceiro ou da parceira com outro ou com outra.

Liberdade autêntica se mostraria em poder renunciar a uma relação que é importante para mim, em consideração ao parceiro. Muitas vezes, porém, se prefere protagonizar, ao invés, guerras de crenças. Argumenta-se que o outro ainda não teria atingido maturidade suficiente, que não poderia restringir a liberdade de alguém, que hoje se deveria simplesmente aceitar essas situações, porque são corriqueiras. Em tais jargões sente-se a própria falta de liberdade. Não se é livre em relação a si mesmo e a seus sentimentos e desejos. Aí o princípio paulino seria uma boa ajuda: "Tudo é permitido, mas nem tudo é proveitoso". Decisivo é tomar a sério o outro em sua consciência e seus sentimentos e não machucá-lo.

A perfeita lei da liberdade em Tiago

A Epístola de Tiago não é propriamente uma epístola, e, sim, antes, uma mensagem de admoestação que se apóia nos discursos de admoestação de filósofos estóicos e sua mensagem de felicidade. Escrita entre os anos 80 e 100, esta epístola conclama seus leitores a realizarem sua fé em obras concretas. Em seu comportamento deve evidenciar-se que os cristãos compreenderam a mensagem de Jesus. Na Epístola de Tiago encontra-se a memorável frase: "Quem se aprofundar na perfeita lei da liberdade e permanecer nela, quem não apenas a ouve, para esquecê-la de novo, antes age em conformidade com ela, esse será bem-aventurado por meio de seu agir" (Tg 1,25). Aqui, essa é a opinião dos exegetas, Tiago não fala da Lei judaica, e, sim, da lei que Deus implantou no coração de todas as pessoas.

Nisso Tiago certamente está sob a influência de uma filosofia estóica, que enaltecia a lei da liberdade. De acordo com a filosofia estóica, a pessoa verdadeiramente livre é aquela que obedece à razão do mundo. No filósofo romano Sêneca transparece essa visão da liberdade na conhecida frase: *deo parere libertas est* – "obedecer a Deus é liberdade" (Mussner, p. 108). No início do primeiro século, esse pensamento estóico também penetrou nos círculos judaicos da Palestina através do exegeta e filósofo Fílon de Alexandria. E certamente é daí que Tiago se apropriou dele.

De acordo com Martin Dibelius, também existiram, ao lado de Paulo, comunidades "que não haviam posto sua salvação exclusivamente na fé com a imponente e para muitos inimitável força de Paulo, e que, por isso, também não baniram da esfera de sua piedade com a medonha conseqüência de Paulo qualquer confiança nas obras" (Dibelius, p. 151). Foi nesses círculos que surgiu a Epístola de Tiago. E ela teve seu reflexo na jovem Igreja, p. ex., no Padre da Igreja Ireneu de Lyon († 202), o qual entende o Evangelho como lei da liberdade.

Para Tiago, a perfeita lei da liberdade é, simultaneamente, a lei régia (cf.Tg 2.8). O rei é o homem verdadeiramente livre, que não se deixa dominar por ninguém. Para o estoicismo a própria razão é um "verdadeiro soberano que ajuda a estabelecer a verdadeira liberdade" (Dibelius, p. 179). Essa lei da liberdade não se constitui de mandamentos mesquinhos, e, sim, do mandamento do amor a Deus e ao próximo, "na libertação de todo egoísmo que se realiza na dedicação amorosa ao próximo" (Mussner, p. 108). Quem medita constantemente nessa perfeita lei da liberdade e a observa, esse é verdadeiramente livre. É livre de si e das emoções que o impedem de reconhecer a realidade com sua razão, tal como ela é de fato. A lei da liberdade supõe que estou livre para fazer o que é necessário, e para amar aquele que necessita de meu amor.

Para Tiago, a liberdade não é apenas um sentimento, e, sim, um novo comportamento, uma prática do amor, dedicação amorosa justamente aos pobres. Para ele não existe contraste entre lei e liberdade. Antes, a verdadeira lei é a liberdade, a liberdade perante a acepção de pessoas, a liberdade "para providenciar o necessário para os órfãos e as viúvas" (Tg 1,27), a liberdade para amar o próximo como a si mesmo (cf. Tg 2,8). A Epístola de Tiago já criou uma síntese entre a filosofia grega da liberdade e o pensamento bíblico, que depois foi levada adiante pelos Padres da Igreja.

A perfeita lei da liberdade quer nos conduzir para a liberdade. Quem segue a Cristo, esse mesmo deve tornar-se verdadeiramente livre no discipulado, tornar-se um ser humano livre e soberano, que é sincero, livre para o amor. No acompanhamento de freiras enfureço-me muitas vezes quando vejo como essa perfeita lei da liberdade é falsificada por mesquinhos mandamentos que nos privam da liberdade, como em muitos conventos as freiras são controladas, nos quais se prefere a irmã acomodada, dependente, disposta a aceitar imediatamente a opinião da superiora, sem refletir no que o próprio Deus lhe quer dizer. Aí então não existe a irmã livre e soberana, que faz com sinceridade aquilo que Deus espera dela e para o que Deus a desafia, e, sim, a irmã humilhada e enrijecida, a irmã de fácil trato e infantil, que logo diz sim quando a superiora quer algo dela.

É assustador como em muitas ordens a lei da liberdade, que Cristo nos concedeu, foi pervertida, como se fazem passar as prescrições mais absurdas por mandamento de Deus, e como se criam escravos, em vez de pessoas soberanas. Aí faria bem não deixar de consultar freqüentemente a perfeita lei da liberdade e permanecer nela.

II
Liberdade entre os gregos

Os autores espirituais da Igreja Antiga, os Padres da Igreja e padres monásticos, tomaram em consideração para sua espiritualidade sobretudo duas fontes: a Sagrada Escritura e a filosofia grega. Especialmente teólogos evangélicos ou negaram a influência da filosofia grega sobre os autores bíblicos, ou viram nela uma falsificação da mensagem bíblica. E se os Padres da Igreja não recorrem apenas à Bíblia, e, sim, também, à filosofia grega, eles vêem nisso demasiadas vezes uma apostasia da pura doutrina da Bíblia.

Eu vejo o encontro com a filosofia grega de modo mais positivo. Pois acho que no coração todos nós ocidentais somos gregos. A filosofia grega marcou nosso pensamento até as mais profundas raízes. Não podemos compreender a mensagem bíblica se somente a contrapomos à sabedoria grega. Clemente de Alexandria posicionou-se contra essa tendência, que já era costumeira no séc. II:

> Alguns que se consideram especialmente sábios exigem que não nos devemos ocupar nem com filosofia, nem com dialética, nem mesmo aprender algo das ciências naturais; exigem que o homem se satisfaça unicamente com a fé. Isso é exatamente como querer colher uvas desde o início, sem fazer nada em fa-

vor do cultivo da videira (Strom I,43,1; Bernardo 88).

Freqüentemente se acusa, por exemplo, a doutrina da liberdade da filosofia estóica de tendência para a auto-redenção. A isso se opõe então a liberdade bíblica como puro dom da graça. No entanto, Jesus também nos desafia a um novo comportamento. Também temos que apropriar-nos da liberdade que ele nos dá. E isso também exige esforço. Paulo nos conclama a lutarmos como um atleta e a nos exercitarmos na liberdade. A liberdade da qual fala a Bíblia tem que ser conquistada com luta. Mas ao mesmo tempo ela também nos mostra que não precisamos conquistar a salvação por nossos próprios esforços, e, sim, que ela já foi dada. A verdadeira liberdade, portanto, também é a liberdade de toda pressão de produtividade, como se nós mesmos tivéssemos de fazer-nos bons. Mas a liberdade que nos é concedida por livre graça também quer expressar-se concretamente em nossa vida.

O sentimento de vida dos gregos está determinado pela idéia da liberdade (cf. Niederwimmer, p. 1ss). O grego sente-se como homem livre. Ele pode pensar o que quiser. Pode ir para onde quiser. Ele é cidadão livre em uma cidade autônoma, que institui suas próprias leis. A liberdade encontra o limite na medida correta. Antes de mais nada, liberdade é para o grego um conceito político. A *polis*, a cidade, era livre, sujeita a nenhum tirano. E os cidadãos eram livres dentro dos limites dessa *polis* enquanto observavam as leis da comunidade urbana autônoma. A democracia garantia ao indivíduo livre uso da palavra (*parresia* – παρρησία), igualdade de direitos e independência. Durante as guerras persas, os gregos defenderam apaixonadamente sua liberdade. Heródoto vê na liberdade "a razão da superioridade dos gregos sobre os persas" (RAC 272).

55

"O homem virtuoso é livre" – Sócrates, Platão e o estoicismo

No decorrer do tempo, o conceito da liberdade foi paulatinamente interiorizado. *Eleutheros* passa então a significar também a pessoa distinta e nobre, a pessoa de índole livre. Liberdade se refere à nobreza interior de uma pessoa. Sócrates especificou ainda mais esse conceito. Livre é o justo, sábio, virtuoso, a pessoa régia. Sócrates, que foi condenado à morte pelas leis da cidade, decide-se em liberdade pessoal pela lei. A livre obediência à lei é sinal da verdadeira liberdade. "Sócrates fica na prisão – e assim permanece livre" (Niederwimmer, p. 21). Para Sócrates, a liberdade do ser humano tem sua sede na psique, no verdadeiro Eu do homem. Psique "é o centro íntimo e espiritual do ser humano, aquilo em que o próprio ser humano é ele mesmo em si mesmo" (*ibid.*, p. 22).

Platão desenvolve os pensamentos de Sócrates. Ele distingue três esferas no ser humano: a dos desejos, a das emoções e a do intelecto. Livre é o ser humano no qual o intelecto assume a liderança. "Sujeitando-se ao *nous* (νοῦς), ao homem interior, e submetendo a ele a sensualidade, o ser humano alcança a liberdade" (*ibid.*, p. 26). O ser humano verdadeiramente livre é o ser humano soberano, que não se deixa governar por instâncias exteriores, antes governa a si mesmo, e que conhece os altos e baixos do homem.

Tanto Sócrates quanto Platão falam da autarquia do homem como da liberdade interior. Autarquia significa ser auto-suficiente. O homem autárquico é o homem interiormente livre, que repousa em si, que não necessita nem de outras coisas nem dos semelhantes, que encontra a paz em si mesmo, a saber, em sua virtude (cf. RAC, *Autarkie*,

1039ss). O homem autárquico dispõe sobre si mesmo e não permite que forças estranhas disponham sobre ele.

A liberdade interior foi depois desdobrada pelo estoicismo. Quando os gregos haviam perdido sua liberdade política, o principal interesse da filosofia estóica voltou-se para a possibilidade da liberdade interior, sobre a qual nenhum ser humano pode dispor de fora. Precursora do estoicismo foi a filosofia cínica, a qual vê a verdadeira liberdade realizada na simplicidade. "Quem se desembaraçou de todo desejo e vive em total simplicidade, esse mesmo alcançou a medida máxima da independência pessoal. Ele é autárquico. É verdadeiramente livre" (Niederwimmer, p. 35). A filosofia estóica gira sobretudo em torno da pergunta como o ser humano pode encontrar, em meio aos temporais e incidentes da vida, um lugar inabalável. O alvo é a "*ataraxia*"(ἀταραξία), o estado de espírito inabalável. Ele é alcançado pelo exercício da virtude. "O homem virtuoso é o homem livre" (*ibid.*, p. 37).

Um problema importante para o estoicismo foi a tensão entre destino e liberdade. Para o estoicismo é livre aquele que se entrega ao destino por livre decisão. Sujeitando-se à ordem do mundo, o ser humano "vem a si mesmo, porque no fundo está subordinado à mesma estrutura lógica... O ser humano verdadeiramente livre vive em concordância consciente, de livre escolha com o destino" (*ibid.*, p. 42). Então o homem alcança ao mesmo tempo "*apatheia*" (ἀπάθεια – liberdade das paixões) e "*ataraxia*" (ἀταραξία – o estado de espírito inabalável).

"Se quiseres, és livre" – Epíteto

Para a Igreja Antiga torna-se importante, antes de tudo, um representante do estoicismo, ao qual os Padres da Igreja citam reiteradas vezes: Epíteto. O estóico mestre da sabedoria nasceu por volta de 50 d.C. em Hierápolis. Era escravo e mancava. Foi levado a Roma como escravo e lá estava a serviço de Epafrodito, um alforriado de Nero. Esse o tratou muito mal. O próprio Epíteto nada escreveu. Mas seu discípulo Arrianós registrou seus diálogos (Diatribe) em quatro livros. Epíteto faleceu entre 125 e 130 (cf. RAC, *Epiktet*, 599ss).

Epíteto tem interesse especial na pergunta pela verdadeira arte de viver, como o homem "pode conseguir sua liberdade, pois liberdade é vida" (Niederwimmer, p. 44). A liberdade depende da vontade do homem. Epíteto diz, p. ex.: "Se quiseres, és livre. Se quiseres, não precisas estar insatisfeito com nada, acusar nada, tudo transcorrerá conforme tua vontade, conforme a tua e, simultaneamente, conforme a do deus" (*ibid.*, p. 44). A liberdade depende do saber correto. Devemos discernir dentre aquilo que está em nosso poder e o que não está em nosso poder. "O imperativo estóico reza agora: apossar-se somente daquilo que está em nosso poder, e renunciar às outras coisas" (*ibid.*, 45). Nas palavras do próprio Epíteto:

> Que fique claro: Se considerares livre o que por sua natureza não é livre, como próprio o que é alheio, encontrarás empecilhos, ficarás lamentando e, perturbado, acusarás Deus e os homens. Se, porém, consideras teu somente o que te pertence, o alheio como aquilo que também é, como alheio, jamais alguém te coagirá, ninguém te impedirá, não censurarás a ninguém, não acusarás ninguém, jamais farás alguma coisa contra a vontade; ninguém te prejudicará, não terás nenhum inimigo; pois nada de pernicioso te poderá acontecer (*ibid.*, p. 46).

Epíteto distingue entre as coisas e os *"dogmas"*, as idéias que fazemos de uma coisa, as projeções que "primeiro fazem" das coisas "algo que nos fere, ou nos alegra" (*ibid.*, p. 48). A função da ascese consiste em impedir que as coisas exteriores entrem no sagrado recinto do verdadeiro Eu. Temos que examinar tudo com que nos deparamos, para ver que relação tem com nosso homem interior, e devemos fazê-lo com a pergunta: "*Ti pros eme?*" (τὶ πρὸς ἐμέ) – "Que tem a ver isso comigo?" Se observarmos todas as coisas sob esse ângulo, descobriremos que não são os acontecimentos que nos perturbam, e, sim, apenas as idéias que fazemos a respeito deles. Epíteto conclui seu manual com uma frase que mais tarde é citada com freqüência pelos Padres da Igreja: "No que diz respeito a mim, Anitos e Melitos podem matar-me, mas causar-me um dano, isso eles não podem" (RAC, *Epiktet*, 607).

A filosofia da liberdade em Epíteto está marcada por uma íntima relação com Deus. O filósofo está convencido de que o próprio Deus está presente nele, e isso em todas as esferas:

> Tu és um fragmento de Deus. Tens uma parcela de Deus em ti [...] Não queres ter em vista o que és quando comes, tu que comes e te alimentas? Não queres lembrar-te em tuas relações sexuais quem és, tu, que tens essas relações? [...] Em toda parte carregas Deus contigo.(*ibid.*, 611).

E em outra passagem se torna evidente a relação pessoal com Deus como razão da verdadeira liberdade:

> Sou livre e um amigo de Deus, para que lhe obedeça de livre vontade. Não devo aspirar a outra coisa, nem a corpo, nem a bens, poder, fama, nada. Pois ele não quer que aspire a tais

coisas. Se ele o quisesse, ele teria feito essas coisas em bens para mim... Levanta finalmente tua cabeça como uma pessoa que está liberta da escravidão; ousa erguer teu olhar a Deus e dizer-lhe: Doravante procede comigo a teu bel-prazer; meus pensamentos pertencem a ti. Eu pertenço a ti. Nada rejeito do que te parece bom; conduze-me para onde quiseres; veste-me com a vestimenta que te agrada" (*ibid.*, 613).

Ao lermos tais textos talvez possamos entender que os mais antigos Padres da Igreja não viram nisso nenhum contraste com o ensinamento de Jesus, antes, não queriam ficar atrás de uma tal entrega à vontade de Deus na realização da mensagem cristã.

O ESPÍRITO LIBERTA DO MUNDO – A GNOSE

No tempo da formação do Novo Testamento, a gnose era uma corrente religiosa dentro e fora do cristianismo. Os autores neotestamentários sempre de novo estão às voltas com tendências gnostizantes nas comunidades cristãs. Os primeiros Padres da Igreja, especialmente Clemente de Alexandria e Ireneu de Lyon, desdobraram a mensagem cristã sistematicamente no confronto com os gnósticos. O sentimento de vida que determinava a gnose era "o sentimento de não ter lar" (Niederwimmer, p. 57). O gnóstico sente-se como estrangeiro aqui na terra. E sente-se preso pelos poderes deste mundo. Diferente do que no estoicismo, ele não pode recolher-se em si mesmo e realizar desse modo sua liberdade. O mundo como tal é mau.

A liberdade não está nas mãos dos homens, ela só pode ser recebida como dádiva do revelador. A figura de luz do revelador concede ao homem desesperado da absurdidade desse mundo o *pneuma*, o espírito que o liberta do poder deste mundo. O pneumático (o homem determinado pelo espírito) não é mais deste mundo, e por isso pode, em toda a liberdade, passar por alto as coisas deste mundo. A libertação acontece quando ouvimos o chamado do redentor, perscrutamos o mundo e passamos para além dele, para viver somente no mundo superior, no mundo do conhecimento, no mundo de Deus. Não é a *polis*, a comunidade terrena, que nos pode dar a verdadeira liberdade, e, sim, somente "a eterna pátria da alma" (RAC, *Freiheit*, 292). Porque pertencemos a Deus e não ao mundo, estamos acima do mundo e livres de seu poder.

Essa libertação do mundo leva basicamente ao ascetismo ou ao libertinismo. Podemos observar as duas atitudes lado a lado na gnose. O gnóstico deprecia o mundo, e por isso pode, "como homem livre, fazer o que lhe apraz" (Niederwimmer, p. 63), como Ireneu escreve a respeito de Simão, o Mago. E continua na descrição dos gnósticos:

> Por isso até mesmo os mais perfeitos dentre eles fazem tudo que é proibido sem escrúpulos... Outros entregam-se irrefreadamente aos prazeres da carne e afirmam que se deve oferecer a carne à carne, e o espírito ao espírito. Nós, portanto, os psíquicos, que somos deste mundo, precisamos da abstinência e de boas obras, para que, por meio disso, cheguemos ao lugar intermediário; eles, porém, os pneumáticos e perfeitos, de modo algum (*ibid.*, p. 64).

Lendo um texto desses, sente-se que atitudes como estas sempre de novo tornam a fascinar os homens, e que por isso a toda hora se infiltram ensinamentos espiritualistas.

Hoje a gnose é tão perigosa como no tempo de Ireneu. No confronto com o estoicismo e com a gnose, os primeiros Padres da Igreja desdobraram o caminho genuinamente cristão. Quero descrever apenas alguns aspectos de sua espiritualidade e inseri-los na experiência concreta da própria luta espiritual.

III
O caminho espiritual dos Padres da Igreja

Quero me restringir a descrever a influência do filósofo estóico Epíteto sobre alguns dos Padres da Igreja, e tirar de suas observações as respectivas conclusões para o próprio caminho espiritual. Os Padres da Igreja não assumem simplesmente os ensinamentos do estoicismo, e, sim, inseremnos em sua experiência da liberdade que experimentaram em Jesus Cristo. Aí não se trata de uma falsificação da visão bíblica, e, sim, de uma transferência da mensagem libertadora de Jesus para o horizonte do pensamento dos homens daquele tempo. Ainda que hoje pensemos e sintamos de modo diferente do que naquele tempo, essa tentativa de transferência também tem uma importância permanente para nós. No entanto, hoje a filosofia grega tem que ser traduzida para a linguagem psicológica de nosso tempo.

"Ninguém pode ferir-te" – Justino

Justino, o primeiro teólogo cristão que tentou combinar a mensagem bíblica com a filosofia grega, ensinava em Roma ao mesmo tempo em que Epíteto exercia ali uma grande influência. Em uma carta ao Imperador Marco Aurélio, Justino evidentemente cita Epíteto. Justino escreve:

> Estamos convencidos de que ninguém nos pode infligir algum mal, a não ser que tenhamos cometido algum delito e sejamos considerados malfeitores. Certamente podeis matar-nos, porém infligir-nos um mal, isso não podeis (RAC, *Epiktet*, 633).

Justino reivindica essa liberdade para si como cristão. Como cristão que encontra sua verdadeira identidade, ele é livre de todo poder exterior. Até mesmo o imperador, que tem poder de matá-lo, não pode causar-lhe nenhum mal. Pois já morreu com Cristo. Ele já se encontra além do limiar. Isso o liberta de todos os poderes deste mundo.

Essa atitude não vale apenas para o tempo dos mártires. O próprio Justino, afinal, sofreu o martírio no ano de 165, juntamente com seis companheiros. Tal atitude vale para nós igualmente. Penso, por exemplo, num empregado que se queixa de seu chefe desequilibrado, que age com total arbitrariedade e o trata injustamente com demasiada freqüência. Naturalmente o chefe tem o poder de promovê-lo ou de lhe reduzir o salário. Sobre sua alma, porém, não tem poder. Sobre seu Eu, que está em Cristo, não pode dispor. E por isso não pode causar dano ao Eu. Pois este pertence a Deus. Pode melindrar e magoar-me. Pode atingir-me em meu ponto sensível, de modo que irrompo em lágrimas ou fico paralisado por dias seguidos. Mas se tenho a consciência de que meu verdadeiro Eu está em Cristo, que ele está além deste mundo, então não pode causar-me qualquer dano no meu íntimo.

Está aí uma mulher que está sendo caluniada e à qual se atribui a culpa pela transferência do padre alcoólico, que arruinou a comunidade. Ela não tem como se defender. Seu corpo assimila as muitas ofensas que sofre. Retirar-se ao âmago interior contra essas ofensas certamente não é fácil. Pois também o fato de termos consciência da inviolabilidade do espaço interior não me protege de melindres no plano emocional. Mas se sempre de novo me conscientizo de que existe em mim um espaço no qual Deus habita em mim, ao qual todas as hostilidades, calúnias e ofensas não têm acesso, então pressinto, não obstante, em meio a toda confusão emocional que me cerca, que tudo isso não pode prejudicar-me. Pode arruinar meu futuro profissional, pode solapar minha posição na comunidade, mas ao meu verdadeiro Eu tudo isso não pode causar dano.

Somente a partir da experiência dessa liberdade posso preservar minha dignidade como ser humano em um ambiente hostil. Não devo identificar-me precipitadamente com o arquétipo do mártir. Isso seria masoquismo. Posso agüentar uma situação difícil somente se me sinto livre, e quando tenho consciência da intocabilidade de minha dignidade.

Os antigos mártires acreditavam que nem mesmo os carrascos lhes podiam causar algum dano. Isso lhes deu a sensação de liberdade em meio a um mundo hostil. Com base nessa genuína liberdade cristã venceram seus medos dos cruéis sofrimentos do martírio e enfrentaram a morte de cabeça erguida, conscientes de sua dignidade e liberdade. Integraram em sua liberdade também a liberdade do estóico Epíteto. Não viram nisso uma contradição, mesmo que tenham entendido a liberdade estóica de modo totalmente novo, ao verem a razão de sua liberdade em Cristo, que os chamou para a liberdade e que os escolheu como filhos e filhas livres num mundo estranho.

A liberdade do cristão – Clemente de Alexandria

Clemente de Alexandria, provavelmente o melhor conhecedor da filosofia grega entre os antigos Padres da Igreja, cita com freqüência em suas obras o mestre de Epíteto,

Musônio Rufo. Suas formulações também revelam que se encontrava sob a influência de Epíteto. Como este, também Clemente distingue entre o que faz parte da personalidade e aquilo que não faz parte dela, entre as coisas exteriores e interiores, entre aquilo que está em nosso poder e o que não está em nosso poder. E, do mesmo modo como o filósofo estóico, também Clemente nos conclama a buscarmos a virtude, e isso por meio de "*mathesis*" (μάθησις – estudar, experienciar), "*melete*" (μελέτη – exercício intensivo, estudo) e "*askesis*" (ἄσκησις – treinar, exercitar).

Também faz lembrar o estóico quando Clemente escreve que Jesus, o Senhor, não prescreveria "jogar fora os bens que alguém possui contingencialmente, nem a renunciar a sua posse, e, sim, banir da alma os pensamentos voltados para os bens" (RAC, *Epiktet*, 636s). Pois o mal não reside somente na posse, e, sim, apenas no fato de se possuir apaixonadamente.

> Também nos conceitos religiosos Clemente sofre a influência de Epíteto. Assim, por exemplo, o gnóstico cristão deve aspirar à semelhança da alma com Deus. E deve ser grato a Deus por tudo.
>
> Que outra atividade seria apropriada ao sábio e perfeito do que brincar e alegrar-se na permanência e na ordem das coisas belas e participar com Deus na grande festa... Passamos toda a nossa vida como uma festa (*ibid.*, 638s).

Também Epíteto fala do espetáculo do mundo como da grande festa de Deus, da qual podemos participar com gratidão. Também a morte é vista por Clemente de modo semelhante como pelo filósofo estóico. De acordo com Clemente, o cristão é um viajante que considera sua moradia cá embaixo como pousada. "Quando a hora chegou, ele segue afanosamente ao guia que o guia para fora da vida...; manifesta sua gratidão pela estada e seu agradecimento pela partida por amor a sua pátria celestial" (*ibid.*, 639).

Se explicarmos os pensamentos estóicos, que Clemente interpretou de modo cristão, com vistas ao tema da liberdade cristã, ocorrem-me três áreas. Temos aí, em primeiro lugar, a diferença entre os acontecimentos e a idéia que fazemos deles. Para mim isso é um tema importante. Muitos que se queixam de sua vida e acreditam serem prejudicados, que para eles tudo sairia errado, todos teriam algo contra eles, esses confundem os fatos com as idéias que fazem dos fatos. Alguém acha que o outro tem alguma coisa contra ele. Na verdade, esse não é o caso, é algo que apenas está em sua imaginação. Outro se queixa de que o chefe não o toma a sério. Mas também aí há de se perguntar se isso é realmente assim, ou se não passa de imaginação porque não toma a sério a si mesmo. O modo como os fatos agem sobre nós sempre depende da maneira como os imaginamos. E como as idéias que fazemos das coisas dependem de nós, também somos responsáveis sobre até que ponto nos deixamos influenciar e determinar pelos fatos.

Também para nós cristãos o caminho da liberdade conduz através da distinção entre aquilo que está em nosso poder e as coisas exteriores, sobre as quais não temos poder, se não lho proporcionamos. Sempre somos nós que decidimos se damos poder a algum acontecimento ou não, se ficamos remoendo o dia inteiro o fato de nos ter acontecido um desastre na presença de outros, ou se aceitamos essas coisas, sabendo que isso não atinge nosso verdadeiro Eu.

Em grande parte nós mesmos somos responsáveis por nossa felicidade ou infelicidade. Em seu livro *Die Kunst, unglücklich zu sein* – "A arte de ser infeliz" – Watzlawick descreveu isso de modo semelhante como naqueles tempos o fizeram Epíteto e Clemente. Vida espiritual significa ver as coisas a partir de Deus e questionar nosso modo cotidiano de ver as coisas; significa desmascarar as projeções que projetamos constantemente sobre pessoas e acontecimentos, e com as quais obscurecemos a intenção de Deus para conosco, de sorte que não a podemos descobrir mais.

Uma segunda área é a concepção de nossa vida como grande festa. Se nossa vida é uma festa que Deus festeja conosco, se temos parte na grande festa da criação, então nossa vida adquire uma dignidade divina, então nossa vida é digna de ser festejada. Uma maneira de celebrar nossa vida seriam rituais salutares. Eles também nos dão a sensação da liberdade, a sensação de configurarmos e conformarmos nossa própria vida de tal modo que seja nossa própria vida, que nós mesmos vivemos, em vez de ser vivida por nossas coações. Também aqui somos responsáveis por nós mesmos. Depende de nossa liberdade a maneira como conformamos nossa vida, quais os rituais que lhe impomos, se isso nos faz bem ou não, se nos torna felizes ou não.

Também é decisiva para a experiência da liberdade a atitude frente à morte, que encontramos em Clemente. Quem pode aceitar com gratidão inclusive a morte esse não tem medo dela. E liberdade de todo temor da morte é a condição para que, de algum modo, possamos sentir-nos livres. Quem fecha os olhos para a morte, esse mesmo tem que viver permanentemente no medo de que, por fim, a morte o assaltará de qualquer modo como um ladrão. Esse mesmo estará permanentemente em fuga, e seu medo o impele a fugir cada vez mais da verdade da morte. Para Clemente, a morte é "a grata restituição (*apodosis* – ἀπόδοσις = restituição) da tenda (da vida), quando a alma se separou dela" (*ibid.*, 639). Esse saber que nossa vida não nos pertence, que não temos o direito a uma vida longa, e, sim, que a recebemos de Deus e que, por isso, devemos restituir-lha com gratidão – eis a razão mais profunda de verdadeira liberdade.

69

A LIBERDADE DA VONTADE – BASÍLIO

Os escritos de São Basílio exerceram grande influência sobre o monasticismo, especialmente sobre São Benedito. Quando Basílio escreve sobre os temas liberdade, mal e morte, ele revela um surpreendente paralelo a Epíteto. Através de Basílio as reflexões estóicas sobre a liberdade penetraram no monasticismo. Basílio enfatiza que a fonte e a raiz do pecado é aquilo "que está em nosso poder, a possibilidade da livre decisão" (*ibid.*, 643). O verdadeiro mal depende de nossa livre vontade (*proairesis* – προαίρεσις), "pois está em nosso poder de nos preservarmos da maldade" (*ibid.*, 643). Aqui Basílio cita a preferida frase de Epíteto sobre a *proairesis* (προαίρεσις), sobre a livre vontade, que a tudo julga e se decide em toda a liberdade pelo que Deus quer do homem.

Para que o homem se decida de fato livremente pela vontade de Deus, Basílio recomenda "estabelecer, sobretudo, a pureza do *hegemonikon* ἡγεμονικόν) em nós" (ib.). *Hegemonikon* é a razão, o *nous* (νοῦς), que deve conduzir em nós todo pensar e fazer. João Cassiano falaria, mais tarde, da pureza do coração como alvo do caminho monástico. O ser humano tem que tornar-se interiormente puro e permeável para a vontade de Deus e para o amor de Deus. Então concordará com aquilo que Deus lhe envia. E nisso experimentará a verdadeira liberdade.

De modo semelhante ao de Epíteto, Basílio afirma que doença, pobreza, má fama e calúnia não são males reais. Quando sou caluniado, devo fazer-me a pergunta de Epíteto: "Em que sentido isso te atinge afinal?" (*ibid.*, 644). A calúnia, esta é a opinião de Basílio, é pior para aquele que calunia do que para aquele que está sendo caluniado. Pois o mal "é pior para aquele que o comete do que para aquele que o sofre. Toda pessoa tem a liberdade de caluniar; esquiva-te da calúnia... se não te deixas atingir, és invulnerável" (*ibid.*, 644). Isso soa muito radical a nossos ouvidos. Mas aparentemente corresponde à experiência de Basílio e à experiência de muitos monges os quais, à semelhança de Epíteto, se libertaram do poder ofensivo dos homens. A verdadeira liberdade consiste em não se deixar ofender, ferir, magoar.

A pergunta é como conseguir isso. Em primeiro lugar, é difícil evitar que sejamos feridos. Antes de nos darmos conta, já nos atingiu uma palavra ofensiva ou uma observação irônica. No entanto, essa é a convicção de Basílio, não estamos simplesmente à mercê da calúnia e da ofensa. Aí justamente a razão tem a importante função de nos livrar disso. Com nossa razão podemos perguntar o que a difamação tem a ver conosco. Afinal, trata-se da palavra de alguém outro que no fundo não nos pode tocar. Nosso verdadeiro Eu não pode ser ferido, nossa própria verdade não é turvada pela falsificação da verdade.

A pergunta que Basílio nos aconselha em conexão com Epíteto, também poderia ser uma ajuda para nós: "Em que sentido afinal isso te atinge?" Que camada em ti é atingida pela palavra melindrosa? É apenas tua esfera emocional que aí está sendo ferida. E essa esfera jamais podes bloquear inteiramente, e nem o deves. Aí podes admitir tranqüilamente que te magoem. Mas sempre deves saber que abaixo disso se encontra uma esfera que não pode ser atingida pelas palavras dos outros. Essa esfera intocável de teu Eu não pode ser atingida nem pela palavra ofensiva, nem pela observação de desprezo, nem por um olhar lesivo. Se tenho consciência dessa liberdade e se creio nela firmemente, então também a lesão da esfera emocional perderá profundidade. Então sei que o rasto da ofensa se perderá em algum lugar e não pode avançar até o íntimo.

Naturalmente tais instruções também contêm um perigo. No acompanhamento de pessoas também me deparo com aquelas que se envolvem numa couraça, na qual ricocheteia toda palavra crítica. Não se deixam atingir por nenhuma palavra. Essa não é a liberdade a que se refere Basílio. Trata-se antes de um baluarte de medo que as pessoas constroem a sua volta. Elas têm que preservar a ilusão de sua retidão, porque do contrário todo o edifício de sua vida ruiria. E então não existiria mais nem mesmo um Eu, então ela seria sem valor e sua vida não teria sentido. Há os que precisam dessa proteção. Mas percebo então no diálogo que essa proteção não procede da liberdade, e, sim, do medo. E aí também não é mais possível um diálogo livre. Uma pessoa nessas condições sequer pode perguntar a si mesma em liberdade o que poderia ser justificado em minhas perguntas. Ela tem imediata necessidade de defender-se. A liberdade da qual fala Basílio refere-se a algo diferente: Eu sou livre para deixar que tudo chegue até mim e para examinar tudo o que outros me dizem, porque em mim existe, sob a esfera emocional, uma esfera que não pode ser atingida por isso. O coração é atingido, não, porém, o Eu. Posso abrir o coração amplamente e tomar contato com o outro, porque tenho ciência da esfera interior que está livre de toda ofensa.

Para muitos isso pode soar como demasiadamente intelectualista. Não podemos esclarecer nossos sentimentos unicamente com a razão. Antes de começarmos a pensar já estamos feridos, nosso coração já se contrai. Dessa ofensa espontânea também não podemos escapar. Mesmo assim está em nós o modo como lidamos com as ofensas e difamações. A psicologia nos aconselha um reexame das ofensas, falar sobre elas, vivê-las mais uma vez emocionalmente a fim de podermos despedir-nos delas. Basílio nos aconselha com a filosofia estóica a expormos as ofensas à luz da razão. Veremos então que a própria pessoa que nos feriu está ferida, que ela feriu a si mesma. É uma ofensa que não precisamos assumir necessariamente. É uma projeção que aquela pessoa quer lançar sobre nós como uma camisa ensangüentada. Mas nós não precisamos vestir essa camisa.

Essa linha de pensamentos ao menos ajuda a nos distanciarmos um pouco de nossos traumas. E a partir dessa distância podemos lidar com eles de modo diferente, e aos poucos perderão o poder sobre nós. E acima de tudo, o outro, o que nos feriu, perderá seu poder sobre nós. Já não temos mais a sensação de estarmos expostos a ele sem qualquer perspectiva de saída, de sermos a vítima de sua arbitrariedade e maldade. Agora o outro machuca a si mesmo. Isso é problema dele. Ele não tem poder sobre mim. Pode revolver minhas emoções – e essas muitas vezes doem bastante. Ma não pode atingir-me como pessoa, meu verdadeiro Eu. Esse é invulnerável.

Atrás dessa atitude encontra-se uma visão otimista do homem e de suas faculdades. Hoje temos antes uma visão lamentosa. Temos pena daquele que foi ferido, e achamos que nada se pode fazer. Naturalmente uma criança não sabe se defender dos muitos traumas que sofre. E aí é importante justamente no acompanhamento simpatizar com o adulto que fala das feridas de sua meninice. Pelo fato de falar delas, ele já adquire certa distância, e pode entender seu comportamento atual. Já não se condenará mais a si mesmo quando reage de modo sensível a pessoas que o fazem lembrar seu pai violento ou sua mãe depressiva. Compreende seu próprio comportamento porque conhece suas causas. Contemplando os ferimentos de sua meninice, pode despedir-se deles mais e mais, pode livrar-se do poder que os ferimentos e as pessoas que causaram as feridas tinham sobre ele até agora.

Com a razão não conseguimos tudo que queremos. A razão é apenas uma área de nossa psique. Mas podemos perfeitamente esperar dela que possa esclarecer o caos emocional em nós. E quanto mais esclarecemos o que há em nós, tanto mais livres nos tornamos em relação ao próprio passado e em relação às pessoas que hoje nos querem ferir.

Penso numa mulher que sente em si uma raiva incontrolável quando o plano que havia feito para o dia de hoje é frustrado, ou quando confia na promessa de outra pessoa que simplesmente não cumpre o prometido. Ela pensa que deveria conseguir dominar sua raiva. E sente-se frustrada quando não o consegue. Como criança ela se criara somente com a mãe, estando exposta aos incontroláveis humores dela. Ela não conseguia confiar em nada. Nunca podia saber como a mãe iria reagir. Agora quer superar essa insegurança com um planejamento minucioso de tudo. E quando então seu plano falha, sobe-lhe à cabeça uma raiva incontrolável. A raiva é compreensível. Ela é o grito por liberdade, o grito de libertar-se da arbitrariedade de outros. Se ela compreender sua raiva, já não está mais sob seu poder, e então também pode distanciar-se dela. Se quiser conseguir dominar sua raiva, ela está fixada nela e jamais se livrará dela. Se, porém, vê sua ira incontrolável que surge nela, como grito de socorro por vida e liberdade, ela conseguirá lidar com sua raiva de modo mais adequado. Já não estará à mercê desse sentimento, antes se deixará lembrar por ele sempre de novo da necessidade de se libertar da arbitrariedade de outros, de se distanciar de outros, a fim de viver sua própria vida em liberdade.

O temor de Deus liberta do temor dos homens – João Crisóstomo

João Crisóstomo encontra-se no final da época áurea da patrística. Gozou de uma educação apurada em filosofia grega. Depois de seu batismo no ano de 369, tornou-se monge e já depois de quatro anos, eremita. Sua ascese desmedida abalou sua saúde, de modo que teve que voltar para Antioquia. Tornou-se diácono e depois, contra sua vontade, Bispo de Constantinopla. Lá Crisóstomo se destacou com seus flamantes sermões. Neles também retorna muitas vezes ao tema da liberdade. Em muitos pontos desses sermões pode-se mostrar a influência de Epíteto. João Crisóstomo dedicou um sermão inteiro à frase: "Quem não fere a si mesmo, não pode ser ferido por ninguém" (*ibid.*, 647). Nele o pregador mostra que "nenhuma vítima é vítima de alguém outro, e, sim, cada qual sofre o destino auto-imposto" (*ibid.*, 647). Reiteradas vezes retorna a essa frase. Ele a fundamenta da seguinte forma:

> *Para causar algum dano a um ser tem que se acertar seu âmago, sua* arete *(ἀρετή, p. 462 início). Alguns crêem injustamente que doença, pobreza, perda de bens, denúncia, morte causariam dano ao ser humano (462 meio, 465). Assim como a* arete *(ἀρετή) do cavalo não consiste em suas "rédeas douradas" ou em seus arreios, e, sim, em sua marcha e sua força, abssim a* arete *(ἀρετή) do ser humano reside "no rigor de suas concepções corretas e na retidão de sua vida"* (462/5 M) (RAC 647).

Arete (ἀρετή) significa excelência, perfeição e virtude. É interessante que João Crisóstomo traga essas concepções de Epíteto em conexão com a explicação de passagens bíblicas. Para ele, essas concepções não estão em contraste com as palavras de Jesus, antes, interpretam as palavras da Bíblia e as explicam concretamente para dentro da vida de seus ouvintes.

Para João Crisóstomo corresponde ao espírito de Jesus Cristo o fato de que pobreza, perda de patrimônio, difamação, desterro e assassinato não podem causar dano. Se a alma é rica, a pobreza nada pode contra ela. E João pode associar as palavras de Jesus sobre o amor ao inimigo ao pensamento estóico: "Se queremos, ninguém nos poderá ferir; pelo contrário, nossos adversários nos prestarão os maiores serviços" (*ibid.*, 648). E num sermão sobre Atos dos Apóstolos, ele se aproxima bastante do pensamento de Epíteto, ao dizer: "O mal não reside em estar ferido, e, sim, em ferir, e em não poder suportar que se está ferido" (*ibid.*, 649). E quando alguém nos insulta, podemos distanciar-nos disso com a seguinte reflexão: "Quem é o culpado desta palavra, aquele que a ouve, ou aquele que a pronuncia?" (*ibid.*, 649).

João sabe que não é tão fácil chegar a essa atitude da invulnerabilidade. Isso exige esforço, luta, ascese: "Corta as amarras com as quais todos que o intentam podem apanhar-te e infligir-te desgosto" (*ibid.*, 650). Ele pode entender essa atitude na interpretação do Evangelho segundo Mateus como atitude de liberdade régia: "É unicamente livre, e unicamente senhor, e mais rei do que todos os reis aquele que está livre das paixões" (*ibid.*, 650).

Percebe-se nas palavras do sugestivo pregador que ele está fascinado com a possibilidade do homem de tornar-se livre das próprias paixões e de sentir-se livre de ofensas exteriores. Na primeira leitura tais palavras me parecem exageradas, especialmente quando as comparo com as experiências que pessoas me revelam no acompanhamento. Parece-me um escárnio se repito as palavras de João: "Quem não fere a si mesmo, não pode ser ferido por ninguém", para alguém que revela as profundas feridas de sua meninice, ou das ofensas diárias da parte do marido ou da parte da mulher. Ou: "Ninguém é a vítima de alguém outro, e, sim, ele sofre o destino auto-imposto".

Não obstante sei que Crisóstomo também tem razão em certo sentido. Quantas vezes me acontece que pessoas que foram traumatizadas na meninice, também escolhem como adultos o chefe, o parceiro conjugal, o colaborador que as machucam do mesmo modo como naquele tempo o pai ou a mãe. Evidentemente, as feridas que não contemplamos nem trabalhamos levam a que sempre de novo nos deparemos com situações que continuam os ferimentos de antigamente. Nós mesmos nos transformamos em vítimas. Nós mesmos decretamos sobre nós o destino de vítimas, de sermos constantemente feridos.

Certa mulher namora um homem que a deprecia do mesmo modo como antigamente fazia o pai dela. Ela o ama porque é bom para ela. No entanto, toda vez que fala em casamento, ele a repele, não a toma a sério. Tão logo exige compromisso, ela é depreciada, exatamente como acontecia com seu pai, que somente brincou com ela, sem tomá-la a sério. Ultimamente ela mesma não se toma a sério, visto que sempre de novo permite que seja ferida. Tem medo de separar-se dele, porque então ela se sentiria inteiramente desvalorizada. Mas ao dar àquele ao qual ama tanto poder sobre si, ela se faz vítima dele e, com isso, se machuca a si mesma. Em tais situações o conselheiro clínico não necessita apenas de compreensão para com a situação fatal, e, sim, também da coragem de um Crisóstomo de dar nome à própria responsabilidade pelo martírio que ela está sofrendo.

João Crisóstomo combina os pensamentos de Epíteto com os exemplos bíblicos. Se Jesus nos conclama a nos libertarmos do poder deste mundo e a deixarmos Deus reinar em nós, para João isso corresponde aos preceitos do estoicismo. O cristão é o verdadeiro sábio, o qual, pelo encontro com Jesus Cristo e na observação de suas palavras, é capaz de cumprir o que o estoicismo espera de seus adeptos. Quem abre espaço para Deus dentro de si, quem deixa que Deus reine nele, esse torna-se livre do poder dos homens. João não vê contradição entre a dádiva da graça de Deus que chegou a nós em Jesus Cristo e nos libertou de pecado e culpa, de coações interiores e da absurdidade, do poder do mundo e de Satanás, e os esforços que o próprio homem tem que assumir a fim de se libertar de influências exteriores. Para João, o esforço humano é manifestação da fé de que o próprio Deus age em nós e nos concedeu o espírito de Jesus a fim de que neste espírito nos libertemos do poder dos homens.

A liberdade que Jesus nos anuncia e a liberdade para a qual a filosofia estóica nos indica caminhos concretos complementam-se mutuamente. Uma precisa da outra para que a liberdade da qual fala a Bíblia não caia simplesmente do céu, para que a liberdade estóica não degenere em auto-redenção. Para os Padres da Igreja a tensão entre graça e liberdade, entre fé e ascese, entre o agir de Deus e o esforço humano foi encarada sem medo. Para eles estava claro que as duas coisas formam uma unidade. Para eles também estava claro que a mensagem bíblica da liberdade pode ser explicada pelas linhas de pensamentos filosóficos sobre a liberdade.

IV
A liberdade perante as paixões
O caminho dos padres monásticos

Vários historiadores acham que o Manual de Epíteto serviu de breviário aos monges do deserto. Essa opinião está refutada hoje. Para os primeiros monges não se pode comprovar a influência de Epíteto. Mas está evidente que a partir do séc. VIII Epíteto era uma leitura preferida dos monges. Isso está comprovado num tratado, que foi atribuído a Antônio, mas com certeza não é da autoria dele: *Exortação de nosso santo padre Antônio, o Grande, sobre o comportamento moral e sobre a vida decente* (*ibid.*, 662). Atrás dessa *Exortação* oculta-se um texto estóico que recebeu apenas alguns retoques cristãos superficiais. Ele foi incluído na *Filocalia*, uma coleção de escritos espiritualistas, amplamente difundida entre os monges. Caso semelhante se dá com o manual de Pseudo-Nilo, atribuído ao monge Nilo de Ancira. Está claro que a partir do séc. VIII os monges começaram a perceber que os escritos de Epíteto não estavam em contradição com seu próprio caminho, antes lhes poderiam ser úteis em seu caminho monástico para alcançar o autodomínio e a *aphateia* (ἀπάθεια – liberdade da dominação patológica das paixões).

No entanto, ainda que não se possa comprovar a influência de Epíteto no caso dos escritos monásticos clássicos, está claro que os monges não desenvolveram sua doutrina espiritual simplesmente a partir da lide com a Bíblia; com sua prática espiritualista eles se encontravam também na tradição da escola filosófica grega. A sabedoria dos gregos e egípcios imiscuiu-se em sua espiritualidade. Os conceitos da *apatheia* (ἀπάθεια – ausência de paixões) em Evágrio Pôntico, da *ataraxia* (ἀταραξία) em Atanásio ou *puritas cordis* (pureza do coração) em Cassiano, o discípulo de Evágrio, que traduziu a espiritualidade do mestre para o ocidente latino, mostram, no mínimo, que se encetou por caminhos semelhantes aos do estoicismo.

P. Keseling acredita que a ética estóica, tal como foi transmitida por Orígenes, exerceu grande influência sobre o psicólogo do monasticismo incipiente, Evágrio Pôntico (cf. RAC, *Askese*, 779s). Também John Eudes Bamberger escreve que o conceito da *apatheia* (ἀπάθεια) teria chegado a Evágrio do estoicismo através de Clemente de Alexandria, mas que Evágrio o teria humanizado. Para Evágrio a *apatheia* não é um estado permanente, e, sim, "apenas um estado de profunda paz, de duração relativa, o qual, sob a influência do amor, consiste da plena e harmônica integração da vida emocional. Para ele *apatheia* e *agape* (ἀπάθεια e ἀγάπη), o amor divino, são apenas dois aspectos de uma mesma realidade" (Bamberger, p. 12).

Evágrio acha que não poderíamos amar todas as pessoas de igual modo. Viver na *apatheia* com todas as pessoas significa para ele manter-se livre do ódio e da recordação de injustiça sofrida.

> *Apatheia* não significa uma espécie de nivelamento dos sentimentos humanos a um grau uniforme da indiferença em relação a todas as pessoas; ela é, antes, um estado que nos permite amar todas as pessoas pelo menos na medida suficiente para conviver pacificamente com elas e para não alimentar rancor (Bamberger, p. 13).

Para Evágrio, a oração é o caminho para livrar-se da recordação de ofensas e do aborrecimento que tivemos com outros:

> Quando oras, muitas vezes te ocorrem pensamentos que parecem justificar teu aborrecimento. No entanto, irritar-se com o semelhante é de todo injustificado. Se apenas o tentares, poderás esclarecer o assunto sem que te incomodes. Faze todo esforço possível para evitar uma explosão de raiva (Gebet, 24).

Aqui Evágrio mostra – à semelhança de Epíteto – que o aborrecimento está relacionado com os pensamentos que fazemos a respeito das coisas. Podemos esclarecer a irritação perguntando pelas causas, pensando de modo diferente sobre o caso, libertando-nos das idéias que temos da realidade, reconciliando-nos com a realidade. Tais frases nos parecem exageradas. Mas elas são um desafio para nós a não nos pormos precipitadamente a lamentar que estamos simplesmente à mercê de nossa irritação e de nossos sentimentos. A maneira de lidar com as paixões, tal como Evágrio a desenvolve, quer conduzir-nos à liberdade interior de que nenhum sentimento negativo tem poder sobre nós.

De modo que a *apatheia* vem a ser uma experiência de liberdade interior. Atanásio já viu em seu tempo a ligação entre *apatheia* e liberdade (RAC, *Epiktet*, 641). *Apatheia* significa o estado no qual não estamos mais presos às paixões, no qual elas não nos dominam mais, pelo contrário, nos servem, nos dão a força que nelas se oculta. Nesse estado podemos lidar livremente com nossas paixões. Já não é a paixão que nos tem, e, sim, nós temos paixões, e podemos fazer uso delas de tal modo que se tornam úteis para nossa própria vividade e para nosso projeto de vida.

A ascese do monasticismo antigo se caracteriza por uma atitude otimista. O ser humano não está simplesmente à mercê de suas emoções e paixões. Ele pode lidar com elas, pode esclarecê-las, por meio de oração e meditação pode tornar seu espírito permeável para Deus. O alvo é o ser humano interiormente livre, que, todavia, não abusa de sua liberdade como arbitrariedade, e, sim, que em sua liberdade se tornou simultaneamente um com Deus. O alvo supremo da liberdade é o amor, a entrega a Deus e a entrega em favor dos homens. Quando na contemplação o homem se tornou um com Deus, então ele está verdadeiramente livre, então encontrou a forma que Deus lhe destinou. Então nenhuma paixão e nenhum sentimento, também nenhum ser humano tem poder sobre ele. Mesmo em meio de tribulação exterior ele é um homem livre.

A luta ascética dos monges antigos estava marcada pela paixão grega pela liberdade. Essa paixão pela liberdade mostra-se na descrição de Evágrio Pôntico da pessoa que realmente sabe orar:

Bem-aventurado é aquele espírito que, enquanto ora, está livre de todas as coisas objetais, sim, que inclusive se livrou de todos os pensamentos. Bem-aventurado é aquele que, na oração, está totalmente livre de toda percepção sensual. Um monge é uma pessoa que se desprendeu de tudo e, não obstante, se sente comprometido com tudo (Gebet 119s, 124).

O monge é o homem livre, que se desprendeu de tudo e que encontrou o sentido do ser-homem, a unidade com Deus, a unidade consigo mesmo e a unidade com todos os homens.

V
Vida espiritual como caminho para a liberdade

Quero apenas selecionar alguns aspectos da vida espiritual que nos querem levar à liberdade. Certamente valeria a pena analisar a tradição espiritual com vistas a isso, até que ponto toda prática espiritual quer exercitar na liberdade. Isso, porém, o presente livrinho não pode fazer. Nos manuais da ascética infelizmente se fala pouco de liberdade. Neles, o alvo é a perfeição. E, em nome da perfeição, os homens foram demasiadas vezes sobreexigidos. Mas o tema liberdade também é tratado na literatura ascética mais antiga sob o verbete "afeição desordenada a criaturas" (Lindworsky, p. 41), por exemplo, quando, em conexão com Inácio de Loiola, se fala de indiferença.

Ascese

Não foram somente os filósofos gregos que compreenderam a ascese como exercício na liberdade, mas também os antigos monges. Ascese significa exercício, treino. Eu me exercito não apenas para desempenhos esportivos ou para manter-me em forma soldadesca, e, sim, para conseguir determinadas atitudes interiores. E aí a atitude da liberdade é inteiramente decisiva. Em seu elevado apreço da ascese, o monasticismo seguiu ao estoicismo. Em sua ascese, exercitou sistematicamente a liberdade como independência interior de todas as coisas exteriores. Sua ascese não foi uma negação do mundo, antes, estava a serviço da liberdade (cf. RAC *Askese*, 756ss). Nos antigos Padres da Igreja agrega-se à liberdade como objetivo da ascese, além disso, a contemplação de Deus. Ascese serve ao místico para tornar-se aberto para Deus e, na contemplação de Deus, tornar-se um com ele.

Nisso o monasticismo não segue apenas ao estoicismo, para o qual o exercício na liberdade interior era central. Ele se vê confirmado nisso também pela Bíblia. Lucas, que evidentemente estava familiarizado com a filosofia grega, põe na boca de Paulo em seu discurso de defesa perante o governador romano Félix as palavras: "Por isso também eu me esforço (*askeo* – ἀσκέω) por ter sempre uma consciência pura perante Deus e os homens" (At 24,16). A consciência pura, respectivamente tranqüila (*syneidesis* – συνείδησις), é um conceito típico da filosofia estóica. Assim como o filósofo estóico se exercita na prudência, assim também Paulo se exercita na preservação da consciência pura. Isso exige ascese até conseguir livrar-se de toda animosidade perante Deus e perante os homens, e possa viver na consciência de sua livre dignidade perante Deus e os homens. O próprio Paulo nunca usa a palavra *askeo* em suas epístolas. Mas fala de luta e treino, do trabalho e esforço que perfazem sua vida espiritual: "Por isso corro, não como alguém que corre sem ter uma meta, e luto de punho cerrado não como alguém que dá golpes no ar, antes disciplino meu corpo, para que não pregue a outros e eu mesmo seja desqualificado" (1Cor 9,26s).

No exemplo do jejum e da renúncia quero mostrar como a ascese também hoje poderia ser um caminho para a liberdade. O tempo da quaresma, para o qual a Igreja convida anualmente, tem por objetivo que, todos os anos, ao menos por sete semanas, nos exercitemos conscientemente na liberdade interior. Em primeiro lugar, a renúncia é um teste para verificar se somos verdadeiramente livres. Hoje todos nós somos dominados por muitos vícios. Ao renunciar a bebidas alcoólicas, carne ou café na época da quaresma, faço um teste para ver se sou viciado ou ainda sou livre, se ainda posso eu mesmo determinar o que quero comer e beber, ou se simplesmente preciso da cerveja ou do café. O vício torna a pessoa dependente, e essa dependência contraria nossa dignidade. Na renúncia queremos experimentar nossa própria dignidade e a própria liberdade como manifestação dessa dignidade. Queremos demonstrar a nós mesmos que ainda podemos dispor sobre nós, que não permitimos que se disponha sobre nós.

Dispor sobre si mesmo, a autarquia, é um conceito importante da idéia grega da liberdade. Em contraste com a liberdade relativa, a liberdade de vinculações, temores, coações e dependências, a autarquia designa a liberdade positiva, que consiste em dispor sobre si mesmo. A renúncia é um teste para mostrar que ainda somos nós mesmos que determinamos e dispomos sobre nós, em vez de nos deixarmos determinar, que vivemos ainda nós mesmos, em vez de sermos vividos.

A renúncia, porém, não é apenas teste referente a nossa liberdade, mas também um exercício na liberdade. Conheço uma jovem senhora que se enfurece a todo momento por estar constantemente comendo coisas doces, mais do que devia. E toda vez que isso acontece, ela sente um mal-estar, despreza-se a si mesma e tem a sensação de que está à mercê desses acessos gastronômicos sem qualquer perspectiva de se livrar deles. Isso a deprime interiormente. Será difícil evitar definitivamente a ingestão de doces por nossa vontade. Se, porém, durante a quaresma tomarmos uma decisão consciente nesse sentido, então temos a sensação de liberdade interior. E isso faz bem. No capítulo sobre o jejum, São Benedito diz que devemos "trazer a Deus" espontaneamente (*própria voluntate*) "e na alegria do Espírito Santo algo em sacrifício" (RB 49,6).

Faz bem quando conseguimos renunciar por determinado tempo a certas coisas que, no mais, são naturais. E nisso não se trata de dureza para conosco mesmos, e, sim, da comprovação de que ainda somos livres, que não estamos desesperadamente à mercê de nossas necessidades, que ainda temos uma vontade livre que pode decidir o que quer e o que não quer. Essa liberdade é sinal de nossa dignidade. Quem já não é mais livre, esse mesmo resigna, ainda se deixa determinar de fora. Isso o rebaixa. Deixa levar-se mais e mais – afinal nada faz sentido. Por isso o tempo da quaresma é um período no qual queremos demonstrar a nós mesmos que ainda somos homens livres. E essa demonstração faz bem. Ela levanta nossa autoconsciência.

A renúncia que ensaiamos na quaresma, porém, não é apenas um caminho para a liberdade, mas é também manifestação de nossa liberdade. A Deus nada precisamos provar com nossa renúncia. Não se exigem de nós realizações, para que nos sintamos bem. Jejuar como renúncia é, antes, expressão de que pertencemos a Deus, e não ao mundo, que pertencemos a nós mesmos, e não a nossas paixões e vícios, a nossas necessidades e desejos. Podemos afirmar quantas vezes quisermos que pertencemos a Deus. Se isso não se expressa de algum modo, tudo não passa de palavras bonitas. A renúncia é expressão de que realmente somos livres. E de tempos em tempos precisamos uma manifestação dessas para nossa liberdade, para nossa autarquia, que podemos dispor sobre nós mesmos, que somos independentes e não somos determinados por outros.

No diálogo percebo que muitas vezes me torno agressivo quando alguém apenas lamenta sua situação, mas não está disposto a mudar qualquer coisa. Não estamos simplesmente à mercê de nossas falhas e fraquezas. Podemos fazer algo. Podemos livrar-nos de muitas dependências e vícios. Ao mesmo tempo, porém, à medida que envelheço, faço a experiência de que não posso o que quero, que, apesar de todo conhecimento e apesar de todos os métodos psicológicos e espirituais, sempre de novo incorro em erros que me irritam porque perturbam minha própria auto-imagem.

Se, porém, então me apresento perante Deus do modo como sou, sem descompor a mim mesmo, então faço a experiência de uma nova liberdade: nem preciso conseguir dominar a mim mesmo. Luto e tento melhorar muitas coisas em mim. Porém sempre de novo me deparo com minha estrutura e sempre de novo entro em queda. Se então estendo a Deus minhas mãos vazias, sinto-me inteiramente livre, livre de toda ambição de querer melhorar a mim mesmo, livre de todas as auto-acusações, livre de toda pressão que provoco para mim mesmo. Então começo a perceber algo da liberdade dos filhos e das filhas de Deus, da liberdade de que na casa de Deus posso ser como sou, que, apesar de todas as falhas e fraquezas, no fundo tudo está bem, porque estou nas boas mãos de Deus, as quais, por meio de luta e derrota, por meio de sucessos e fracassos, mais e mais me transformam na imagem que ele fez de mim.

Como lidar com os pensamentos e com as paixões

Um tema importante no monasticismo antigo era o trato com os *logismoi* (λογισμοι), com as paixões, com pensamentos acentuadamente emocionais, com emoções da alma. Também aqui a liberdade é o alvo da luta. Evágrio chama esse alvo de *apatheia* (ἀπάθεια). Isso não significa insensibilidade, e, sim, um estado no qual as paixões não nos dominam, e, sim, estão integradas em nosso anseio de Deus, no qual servem a nossa vividade, no qual somos livres de toda prisão à *pathe* (πάθη), às paixões. Não alcançaremos a liberdade lutando com violência contra os pensamentos e sentimentos, e, sim, somente se os contemplamos com placidez interior e se depois os trabalhamos de modo correto.

A pressuposição para essa contemplação serena é a renúncia à avaliação. Não devo avaliar nenhum sentimento de meu coração. O medo simplesmente está aí, a raiva está aí, a sexualidade está aí, a glutonaria está aí, o ciúme está aí. E todos esses sentimentos podem ser. Não são ruins. Tudo depende apenas da maneira como lido com eles. Se eu lutar furiosamente contra as paixões, elas se lançarão furiosamente contra mim. Se as combato, aí, sim, elas despertam e lançarão seu contra-ataque contra mim. Se, porém, simplesmente tomo conhecimento delas e as deixo em paz, posso distanciar-me delas e relativizá-las. Assim me livrarei delas. Elas estão aí, mas não me dominam. Eu as admito, mas ao mesmo tempo também as solto.

Se contemplo o ciúme e não me condeno por causa dele, também posso deixá-lo novamente. Se, porém, digo a mim mesmo que não teria razão para ser ciumento, o fato de eu ser ciumento seria um caso patológico, isso deveria estar superado há muito, então estarei lutando constantemente contra ele sem jamais vencê-lo. O caminho para a liberdade consistiria em dizer a mim mesmo: “Aí está o ciúme novamente. Mas não o sigo. Distancio-me dele. Eu o sinto, mas não me deixarei determinar por ele. Eu o admito, mas também o deixo”. Na verdade, ele sempre tornará a se manifestar, mas não me dominará. Isso acontece com todos os sentimentos.

Assim que apenas combato meu medo, ele me perseguirá por toda parte. Devo encará-lo, admiti-lo, fazer amizade com ele. Então perderá o poder sobre mim. E assim, em meio ao medo, estarei livre dele. Muitos, porém, se incomodam quando o medo torna a manifestar-se neles. Sentem-se fracassados. Aí então já têm medo do medo. Temem que o medo poderia reaparecer e que então se sentiriam fracassados. Desse modo estão fixados no medo, e ele se torna um problema permanente. Se simplesmente tomo conhecimento do medo e me concilio com o fato de ele estar aí, também posso distanciar-me dele. Admito que o medo da doença sempre torna a se manifestar, por mais que me convença que não tenho razão para isso. Não me condeno por causa disso. Não me deixo pressionar pela idéia de que estaria na hora de vencer esse medo. Antes, eu o admito, olho para ele e lhe pergunto o que gostaria de me dizer. Falo com ele, mas depois da conversa também me despeço dele. Se o admito, posso, ao mesmo tempo, distanciar-me dele. O medo está aí, mas não me determina.

Um caminho para essa relativização do medo é a desidentificação, como a desenvolveu o psicólogo italiano e fundador da chamada psicossíntese, Roberto Assagioli: "Tenho medo, mas eu não sou meu medo". O medo sempre tornará a se manifestar, mas toca apenas em minhas emoções. No espaço interior do silêncio ele não se poderá instalar. No caso do medo é importante que eu admita que tenho medo: "Posso adoecer. Mas também em minha enfermidade estou nas mãos de Deus. Ela não pode afetar meu íntimo".

Em diálogos constato com freqüência que pessoas mais idosas se condenam por causa de toda manifestação sexual. Procuram combater esses sentimentos com oração. No entanto, quanto mais procuram superar a sexualidade com oração, tanto mais freqüentes as fantasias sexuais, justamente quando querem orar ou quando estão indo comungar. Nesses casos sempre aconselho que simplesmente admitam as fantasias sexuais, sem entregar-se a elas. Elas estão aí, e elas podem estar aí. Pois não são ruins. Também a sexualidade foi criada por Deus. Se ele nos quisesse sem sexualidade, certamente não a teria criado. Portanto não devemos condenar-nos por isso.

Mas também não devemos deixar-nos dominar por ela. Devemos tomar conhecimento dela, observá-la, senti-la, perguntar o que ela nos quer indicar. Podemos pensá-la até as últimas conseqüências, para sentir quais são os nossos mais profundos anseios. Então também podemos deixar dela de novo e distanciar-nos dela. Isso é liberdade interior. Liberdade não significa que nunca mais seremos assediados por necessidades sexuais, e, sim, que a possamos admitir e deixá-la em toda a serenidade, sem que nos determinem.

Depois da morte do marido, certa viúva sente maior desejo sexual do que durante o matrimônio. Ela simpatiza com um sacerdote simpático, mas, com base em sua educação católica, afasta qualquer sentimento de paixão. Isso não pode ser. Resta-lhe então lutar constantemente contra esse sentimento e passa a viver em constante medo de que poderia invadir a intimidade desse sacerdote. Também nesse caso seria melhor que ela observasse seus sentimentos eróticos, se alegrasse com eles e os gozasse, mas que os abandonasse em seguida. Não se trata de conquistar o sacerdote, e, sim, de aceitar com gratidão que ele evoca nela novos sentimentos, de modo que se sinta novamente mais viva e a vida novamente digna de ser vivida. Então não se agarrará ao sacerdote, mas pode deixá-lo em liberdade. Quanto mais procuramos evitar sentimentos eróticos, tanto mais eles se manifestarão em nós e nos causarão medo. Se os podemos gozar gratos porque neles nos experimentamos a nós mesmos de modo novo, porque levam o diálogo a uma intensidade jamais imaginada, então também será mais fácil desembaraçar-se deles novamente.

Também a liberdade é um pressuposto essencial para o convívio. Enquanto concedemos a outra pessoa poder sobre nós, ou enquanto nos fazemos dependentes dela, não somos livres. Liberdade, porém, não significa distanciar-se totalmente dos outros. A arte consiste, antes, em poder envolver-se em um conflito e, ao mesmo tempo, sentir-se livre dele. Aí então não nos encontramos sob a pressão de termos que resolver o conflito de qualquer maneira, na obrigação de conquistar o outro. Admitimos o conflito. Estamos acima do conflito. Isso é verdadeira liberdade.

Certa diretora de um lar para idosos entrou em conflito com o clérigo que projeta nela seus próprios problemas e lhe inferniza a vida. Ela não pode fugir desse conflito. Pois, se pedisse demissão, ela se sentiria fracassada. Sua atitude poderia ser compreendida pelos outros como fuga. Sua tarefa é encarar o conflito sem deixar-se envolver nele pessoalmente. Nesse caso a oração é uma ajuda importante para, sempre de novo, conseguir distanciar-se desse caldo emocional que neste conflito a seu redor será remexido sempre de novo. Se se meter nesse lamaçal emocional, ela será arrastada para as profundezas. Na oração e no diálogo sobre o conflito ela pode distanciar-se dele, e na distância poderá, aos poucos, libertar-se.

Liberdade significaria defender-me contra um comportamento injusto, sem me deixar melindrar por isso, e, sim, reagir franca e livremente. Esse não é um caminho simples. Ele exige reflexão, exige que se perscrute o conflito. E exige a oração, a fim de se obter uma visão mais objetiva perante Deus do que realmente está acontecendo. Na oração posso sentir sempre de novo, em meio ao conflito, a liberdade de que os brigões não podem atingir-me em meu íntimo. Essa liberdade é a condição para resolver o conflito de modo decente.

O tema da liberdade retorna sempre de novo no acompanhamento. Aí está em primeiro lugar a liberdade das pessoas que eu amo e que podem ferir-me tanto justamente por que as amo. Por exemplo, a liberdade em relação aos pais. Muitos não se sentem livres em relação a eles. Têm má consciência quando seguem os próprios impulsos. Outros ainda não cortaram o cordão umbilical que os liga à mãe. Às vezes constato isso em sacerdotes, mas também em maridos. Aí então a própria esposa não tem chance. Porque, em vez de discutir os problemas com ela, o marido chama imediatamente a mãe. Ela continua sendo sua primeira parceira de diálogo. Essa dependência da mãe provoca freqüentes conflitos conjugais. Porque nessas circunstâncias não pode surgir um verdadeiro convívio com a própria esposa. Algo semelhante acontece quando a mulher ainda está amarrada a seu pai e compara com o pai tudo o que o marido faz. Aí então o marido não tem chance. A liberdade em relação aos pais é a pressuposição para se poder conviver bem com eles mesmos e para entrar em novas relações, seja na vida matrimonial ou na vida de solteiro, para ser livre para a vocação que Deus me destinou.

Quando estamos fascinados por um homem ou por uma mulher, isso leva, antes de mais nada, a dependência e a perda da liberdade. Se, porém, realizarmos em nós mesmos aquilo que nos fascina no outro, então ainda continuamos a alegra-nos no outro, mas simultaneamente cresce em nós a liberdade. Se nos sentimos vivos somente quando o outro está conosco, somos dependentes. E dependência prejudica nossa dignidade. Por isso se trata, não apenas na amizade, mas também no matrimônio, de conquistar essa liberdade interior. Aí então entram serenidade e amplitude na relação, então podemos gozar a amizade ou a parceria sem que nos tornemos totalmente dependentes disso, sem querer amarrar o outro em nós mesmos.

Muitos procuram essa liberdade separando-se interiormente por completo do outro, dizendo a si mesmos que não necessitariam de nenhuma outra pessoa, que poderiam resolver todos os seus problemas sozinhos. Têm tanto medo da dependência que não se envolvem realmente com ninguém. Isso não é sinal de liberdade, e, sim, de medo e coação interior. Liberdade significa, pelo contrário, envolver-me com outras pessoas, confiar nelas. Sei que necessito de outras pessoas, para seguir meu caminho. Envolvo-me com elas, mas também as solto novamente, sem agarrar-me a elas. Essa tensão entre liberdade e vinculação, entre liberdade e envolvimento com outros é parte essencial do ser humano.

Peter Schellenbaum chama essa tensão entre liberdade e vinculação de o "não no amor", a arte de colocar limites e preservar espaços de liberdade no vínculo com outra pessoa, sentir-se interiormente livre também no vínculo, de sempre de novo compensar a tensão entre proximidade e distância. Somente quem é livre pode comprometer-se com alguém. Quem é dependente precisa do outro para si. E quando precisamos de uma pessoa, nós a usamos, e com isso ferimos sua dignidade.

A ORAÇÃO

Para Evágrio Pôntico a oração é o caminho para a liberdade interior. Tanto a oração contemplativa quanto a oração como diálogo com Deus pode levar-nos à liberdade. No decorrer do dia dificilmente temos suficiente controle sobre nós para não nos incomodarmos com algum colaborador, não nos deixarmos atingir por qualquer ofensa, não nos rebaixarmos por meio de auto-acusações. Os conflitos não tardam, cometemos erros, envolvemo-nos em discussões infrutíferas. A oração poderia oferecer-nos um distanciamento sadio do tumulto do dia-a-dia. Na oração interrompemos a rotina do cotidiano. Nela estendemos nossos pensamentos e sentimentos a Deus. E nessa parada e nesse estender nos deixamos questionar por Deus. Isso clareia nossas emoções. Mostra-nos onde emperramos, onde nos deixamos determinar por outros, onde nos tornamos cegos para a verdadeira realidade.

Se estendo a Deus meu aborrecimento em oração, isso me ajuda a distinguir minhas impressões sobre o incidente incômodo do que realmente aconteceu. A oração interrompe a corrente de meu dissabor. Começo a ver as coisas com outros olhos. Desse modo pode esclarecer-se uma situação. O aborrecimento já não me domina mais. Aos poucos, me livro dele. Ganho distância em relação a meu aborrecimento.

No acompanhamento repetem-se as situações em que pessoas se deixam determinar por fatores exteriores. Alguém as ofende, e imediatamente se desencadeia um mecanismo de autocontusão, autodepreciação, autocompaixão. Instala-se um sentimento desagradável e nos sentimos inúteis. E começamos a lamentar nossa má sorte: "O outro me ofendeu porque me considera inútil. Afinal, o que sou? Não tenho valor. De qualquer modo, nada faz sentido. Não agüento mais". Dificilmente conseguiremos um autodomínio tal que pensamentos como esses não nos sobrevenham. Na oração, porém, podemos interromper sempre de novo essa corrente de pensamentos. Na oração podemos tomar distância. Na proximidade de Deus as pessoas e os acontecimentos que nos ofendem e magoam passam para um segundo plano. Perante Deus libertamo-nos da influência daqueles que nos assolam diariamente. Por isso necessitamos sempre de novo essas pausas da oração, a fim de nos distanciarmos do cotidiano e de livrar-nos de seu poder. No mais tardar à noite deveríamos estender uma vez mais nosso dia a Deus, para nos libertarmos daquilo que hoje pesou sobre nós.

Em Evágrio é sobretudo a oração contemplativa que nos leva à liberdade. Sob oração contemplativa Evágrio entende aquela em que nos livramos de todos os pensamentos e sentimentos, de todas as reflexões e planos, de todas as paixões e emoções. Na oração contemplativa chegamos ao recinto do silêncio, que já existe em nós, mas do qual estamos cortados demasiadas vezes. Evágrio chama a esse recinto do silêncio de "lugar de Deus" e "visão da paz". Nesse lugar interior, no qual o próprio Deus habita em nós, ali já somos sãos e livres, ali estamos em paz conosco mesmos. A esse recinto do silêncio as pessoas não têm acesso, a ele também não podem avançar os pensamentos e as concepções, as paixões e emoções. Esse recinto do silêncio é o lugar da verdadeira liberdade. É o espaço habitado exclusivamente por Deus. No Evangelho segundo João, Jesus diz referente a esse recinto: "Meu Pai o amará, e viremos a ele, e nele tomaremos morada" (Jo 14.23). No grego se lê: fazer morada, preparar uma morada. O próprio Deus prepara em nós uma morada para si. "Essa habitação espiritual é a expressão da mais profunda e íntima comunhão imaginável" (Schneider, p. 264).

O Deus que habita em mim sempre é o Deus libertador, o Deus que me liberta do poder dos homens, que me liberta de todas as auto-acusações, de autodepreciações, autojulgamentos, auto-repreensões. Deus me livra da pressão que provoco para mim mesmo, da pressão do desempenho, do perfeccionismo, do moralismo, com o qual me estimulo constantemente a fazer tudo certo e a cumprir o mandamento de Deus. Experimentar a Deus é, essencialmente, experimentar liberdade. Se experimento a Deus em mim, estou livre dos homens e livre de mim mesmo. Então as pessoas com as quais me incomodei não podem atingir-me. Então as pessoas que me querem ferir e melindrar não têm acesso a meu interior. Então aqueles que me caluniam não podem causar dano a meu verdadeiro Eu. Elas não têm poder sobre mim. E eu estou livre das irritações do Ego que constantemente quer algo, que me impulsiona a alcançar sempre mais, ou que me derruba, deprecia e machuca. No recinto no qual Deus habita em mim, ali o Ego retrocede, e resplandece o verdadeiro Eu. Entro em contato com a autêntica imagem de Deus em mim.

Esta é a resposta cristã ao anseio por liberdade, tal como ele se expressou de maneira tão evidente na filosofia grega. Não somos nós que devemos libertar-nos das paixões, da influência de outras pessoas, do destino que nos atinge. É o próprio Deus que nos livra. A oração é o lugar onde podemos experimentar a Deus como a verdadeira liberdade. No entanto, para Evágrio e para os antigos monges, oração e ascese são inseparáveis. Para se poder orar sem ser perturbado e sem distração, devo lidar com minhas paixões, exercitar-me na *apatheia*. Evágrio diz:

> Para o ser humano não existem progressos, nem poderá ele pôr-se a caminho para aquele estado imaterial amorfo, muito menos alcançá-lo enquanto não pôs em ordem seu interior. Pois do contrário seu desassossego interior sempre de novo o fará lembrar as coisas que deixou para trás (Praktikos, p. 61).

Mas Evágrio sabe igualmente que não podemos conseguir a verdadeira paz e a verdadeira liberdade por nossas próprias forças, e, sim, somente na oração, na qual o próprio Deus age em nós. A única coisa que podemos fazer é preparar-nos para que Deus nos permeie totalmente com seu amor, e desse modo nos livre de toda a histeria, de toda a prisão ao mundo, de toda dependência de homens, e da escravidão das paixões.

O máximo que o ser humano pode alcançar, de acordo com Evágrio, é tornar-se um com Deus na oração. Se o homem se torna um com Deus na oração, então ele será transformado na imagem intacta que Deus havia feito dele, então ele se torna verdadeiramente livre. Evágrio expressa esse estado de coisas do seguinte modo: "Quando um homem se despiu do velho homem e vestiu o novo homem, que é uma criação do amor, ele reconhecerá na hora da oração que seu estado se assemelha a uma safira, que brilha clara e luzente como o céu" (Bamberger, p. 19s). Na oração o ser humano se torna um com Deus, mas também com a imagem original de Deus nele. Segundo Evágrio, a vocação do homem consiste em "unir-se com Deus em conhecimento amoroso" (Bamberger, p. 21). E conclui seu livro *Gnostikos* sobre o homem sábio e livre: "Não cesses de transformar tua imagem, para que se torne cada vez mais semelhante ao arquétipo" (*ibid.*, p. 21).

Se na oração sou transformado mais e mais na imagem de Deus, então sou verdadeiramente livre. Então não existe mais ser humano que tem poder sobre mim, o mundo perdeu sua influência sobre mim. Então posso respirar livremente, experimento a Deus como fonte interior que me permeia, que me vivifica. É a essa liberdade interior que se refere Benedito quando fala do coração dilatado (*dilatato corde*), que o monge alcança por seu caminho espiritual. O coração dilatado é o coração livre. Ele está livre para dedicar-se a toda pessoa. A dilatação impede que o coração se prenda a alguma coisa. O coração dilatado assemelha-se ao coração traspassado de Jesus na cruz, ao qual toda pessoa tem acesso, no qual toda pessoa se sente acolhida, porque ali flui o amor divino, que é sem fim e sem limites.

98

O CAMINHO DO AMOR

A liberdade para a qual conduz a vida espiritual não é apenas a liberdade de todas as influências exteriores, não apenas a liberdade das paixões e do poder dos homens. Ela é, simultaneamente, uma liberdade da entrega. Não se trata portanto apenas de uma liberdade *de*, e, sim, também de uma liberdade *para*. O ser humano que se tornou livre de si mesmo, também está livre para entregar-se em favor de outros, como Jesus o afirmou a respeito de si mesmo: "Não existe amor maior do que quando alguém entrega sua vida pelos amigos" (Jo 15,13). A liberdade das expectativas dos outros e a liberdade de girar em torno de si mesmo são as condições para o amor. Somente quem se tornou livre de si mesmo pode empenhar-se altruisticamente pelos outros. Não misturará seu engajamento com motivações egoístas, como tantas vezes o fazemos. Ele se torna livre de pensar em sua própria reputação, em seu empenho, nos elogios e no reconhecimento pelos homens. Também não pensará que então se sentirá melhor do que as outras pessoas, que Deus o iria recompensar, etc. Ele está livre para as pessoas que dele necessitam. Livre para oferecer-se em amor.

No entanto, nossa liberdade também sempre tem limites. Não somos Deus, que pode haurir da plenitude. Não podemos dedicar-nos livremente a toda pessoa, do contrário em breve estaremos no fim com nossas forças, senão sobreexigimos a nós mesmos. Temos que reconhecer, em toda humildade, nossos limites dentro dos quais nos podemos dedicar a outros irrestritamente. Mas hoje também existem pessoas que, de tanto delimitarem-se a si mesmas, vivem constantemente no medo de poderem, numa hora dessas, dizer sim precipitadamente quando alguém precisa delas, que poderiam exagerar, que poderiam ser exploradas e acabar se desgastando. Quem é realmente livre pode dedicar-se ao outro em toda liberdade, sem constante medo de que ele próprio poderia sair prejudicado, que não teria forças suficientes para ajudar. A verdadeira liberdade interior também me torna livre para empenhar-me por outros.

No entanto, encontro-me simultaneamente sempre na tensão entre liberdade e limite, entre liberdade e finito. Se ajudo ao outro somente por causa de má consciência, porque Deus o quer de mim, ou porque as pessoas o esperam de mim, então não sou livre. Se ajudo porque temo que poderia machucar o outro com minha negativa, então tal ajuda não tem valor. E se ajudo apenas porque me lisonjeia o fato de que as pessoas precisam de mim, isso é uma armadilha na qual caio. Mas nesse caso não poderei ajudar realmente nem amar de verdade. Nesse caso amo no outro apenas minha própria vaidade.

C.G. Jung acha que um amor desses sempre seria perigoso quando me identifico com uma imagem arquetípica, quem sabe com o arquétipo do curador ou do ajudador. Às vezes percebo no diálogo como se manifesta em mim um pensamento desses, de que sou capaz de curar esta mulher ou este homem. E percebo que então não sou livre, e, sim, preso pela fascinação pela imagem arquetípica do curador. Portanto, a liberdade também é a condição para acompanhar pessoas espiritual e terapeuticamente, sem amarrá-las em mim e a mim nelas, sem cair na armadilha de projeções próprias ou alheias.

Se amo o próximo porque quero acalmar minha má consciência, ou porque tenho medo que, do contrário, poderia sofrer rejeição e sentir-me solitário, então isso não é verdadeiro amor. Antes sou escravo de meu medo e escravo da Lei no sentido de São Paulo. Tampouco sou livre se apenas calculo o proveito que terei da ajuda prestada. Aí então novamente giro apenas em torno de mim mesmo. Verdadeiro amor não pergunta pelo proveito próprio e também não se isso agora é oportuno ou não. Se me envolvo com um outro em liberdade, jamais serei sobreexigido. Não me sinto sufocado por isso. Antes, sou livre para dedicar-me inteiramente ao momento. E neste momento é importante o outro, com o qual falo, com o qual me encontro. Mas também posso soltar o outro novamente, posso deixá-lo nas mãos de Deus com seus problemas, porque não sou eu seu médico, e, sim, Deus somente.

Na conversa com um hóspede percebo imediatamente se sou livre interiormente ou não. Se me envolvo livremente com o outro, então estou integralmente presente e não sinto o esforço. Simplesmente estou aí e ouço. E se tenho o sentimento de que deveria dizer algo, as palavras vêm espontaneamente. Depois da entrevista eu mesmo me sinto recompensado e posso agradecer a Deus por essa dádiva. Quando, porém, excedi minha medida, se vou à entrevista somente porque o prometi, ou porque não fui capaz de dizer não, sinto-me cansado e gasto em seguida. E surgem sentimentos de aborrecimento e insatisfação porque todos se aproveitam de mim e cada qual quer alguma coisa de mim.

Duvido então que a entrevista faça sentido. Tenho a sensação de que o outro me explora. Naturalmente posso tentar concentrar-me inteiramente no momento e livrar-me de todos os pensamentos opinativos e das emoções negativas. Às vezes o consigo. Mas muitas vezes os sentimentos também são um indício importante de que meu limite está ultrapassado. E é preciso tomar esse indício a sério. Nesse caso seria expressão de minha liberdade dar mais atenção a meus sentimentos antes de aceitar um compromisso, se agora apenas aceito porque não quero magoar o outro, ou porque me sinto lisonjeado pelo fato de ser tão procurado, ou porque isso me dá a oportunidade para satisfazer minhas próprias necessidades. Liberdade não é um produto que posso contabilizar, e, sim, expressão de que vivo de modo como me é adequado, e como corresponde a minha limitação e, ao mesmo tempo, a minhas capacidades e forças.

A verdadeira liberdade consiste em poder amar desinteressadamente. Muitas vezes, porém, a liberdade é suprimida em nome do amor, e se exerce poder. Se, por exemplo, em cada sessão do conselho da comunidade um clérigo adverte que deveríamos amar-nos uns aos outros, isso é uma forma sutil do exercício do poder. O clérigo não permite que o conflito aflore, ele reprime toda a contestação. Transmite àqueles que querem brigar honestamente uns com os outros uma má consciência. Numa atmosfera "de um amor ordenado de cima" não se pode lutar, ninguém pode opinar livremente. Algo semelhante acontece em muitas associações. Aí qualquer opinião discordante é repreendida imediatamente com a lembrança de que Cristo quer que amemos uns aos outros, que sejamos unânimes. Confunde-se o amor com unidade forçada. A verdadeira unidade sempre nasce da sadia tensão entre opostos. Se, porém, se quer evitar de antemão qualquer tensão em nome do amor, o amor se transforma em tirania e em coerção.

É singular que justamente em conventos, nos quais se fala constantemente do amor, é ali que menos se ama. Ali reina muitas vezes um clima agressivo e irritadiço. Isso não é liberdade, e, sim, acomodação. Isso não é unidade, e, sim, coação. O motorista de certo convento opinou certa vez sobre a comunidade a cujo serviço estava e que se autodenominava "Casa do Amor": "Desde que somos uma Casa do Amor, o ambiente esfria cada vez mais". Se o amor não tem a marca da liberdade, então ele não corresponde à liberdade que Jesus nos demonstrou em vida e a qual pregou. A perfeita lei do amor, da qual fala Tiago, tem que ser o fundamento de nosso amor, a fim de que nele concedamos uns aos outros a liberdade, e para que nós mesmos sejamos livres em nosso amor, e não escravos de nosso medo da má consciência. O amor para o qual conclamam muitos superiores não respira a liberdade, e, sim, produz uma má consciência quando manifestamos nossas necessidades e nossa opinião. Um amor nesse sentido torna-se um instrumento de poder que suprime toda a liberdade. O amor que Cristo nos anuncia não é o amor de escravos, e, sim, o de filhos e filhas livres, é o amor que nasce da liberdade e que conduz à liberdade.

Conclusão

No caso de certas pessoas pode-se dizer: "Eis uma pessoa verdadeiramente livre. Ela não depende da opinião de outros; não depende de concordância e dispensação. Ela descansa em si. É livre no pensar e também é livre em seu sentir. Está em contato com a realidade. Quando se encontra com alguém, ela está integralmente no encontro. É livre para dedicar-se inteiramente e de modo indiviso a uma outra pessoa. É livre de cálculos, livre da cogitação do que o outro quer dela e como pensa a seu respeito. É livre porque o Espírito de Deus a caracteriza, porque tem em Deus seu fundamento e que por isso não precisa constantemente tomar em consideração a reação de outros". Se tentarmos colocar-nos no lugar de uma pessoa assim, em breve reconheceremos que é o fato de estar ancorada em Deus que a tornou tão livre. Por descansar em Deus, ela realmente se tornou livre de todo temor dos homens, está livre do constante desassossego se está fazendo tudo certo, como as pessoas ou como Deus avaliarão seu fazer.

Por uma liberdade nesse sentido aspiramos todos nós. Ela é o alvo de todo caminho espiritual. Para o cristão, essa liberdade consiste essencialmente na liberdade para amar. Mas para chegarmos a essa liberdade do amor, devemos ensaiar primeiro a liberdade de todas as dependências. Para isso os Padres da Igreja e os antigos monges nos dão bons estímulos. Nisso são unânimes com muitos filósofos gregos, para os quais a liberdade era, antes de mais nada, o alvo supremo. Em vez de construir uma contradição entre liberdade grega e liberdade cristã, estou interessado na ligação sadia, não em redução do pensamento cristão ao plano psicológico de filósofos gregos, e, sim, na integração do plano psicológico no caminho cristão da liberdade.

Presenciei demasiadas vezes que cristãos falsificam a lei da liberdade, ao sobreexigirem as pessoas com a exigência de uma vida altruísta. Pois não tomam a sério as condições necessárias para chegarmos a essa liberdade de nós mesmos. É demasiadamente simples dizer que bastaria amar, e todas as demais coisas se resolveriam por si. A pergunta é como nos tornamos capazes para esse amor. Aí precisamos primeiro exercitar a liberdade de dependências, a liberdade das leis do superego, a liberdade do poder da má consciência, a liberdade das expectativas dos outros e a liberdade dos próprios vícios, para podermos amar como amou Jesus, o homem verdadeiramente livre.

Para mim existem sobretudo três condições para se poder viver o amor de Cristo, e três critérios para uma espiritualidade genuinamente cristã. Eles correspondem aos três anseios mais profundos com os quais se preocupavam os gregos: o anseio pela liberdade, pela unidade e pela pátria. Estar livre de todas as dependências, livre de outras pessoas, enfim, livre de si mesmo, eis o alvo de todo devenir de um ser humano e simultaneamente de todo caminho espiritual. O homem espiritual é o homem verdadeiramente livre, que não se deixa determinar pelo mundo porque está imbuído do Espírito de Deus. É o homem régio, que não é dominado por outros, antes anda seu caminho livremente e de cabeça erguida neste mundo. Ele não tem o cunho deste mundo, e, sim, o do Espírito de Jesus. E o Espírito que Jesus nos prometeu e outorgou, sempre é o Espírito da liberdade: "Onde age o Espírito do Senhor, aí há liberdade" (2Cor 3,17). Portanto, a liberdade é uma característica essencial da existência cristã.

O segundo critério de espiritualidade autêntica é a unidade, ser um consigo mesmo, estar reconciliado com suas contradições, a paz consigo mesmo como pressuposto para poder viver em liberdade também com outros. O homem espiritual é aquele que se tornou um consigo mesmo. Os gregos anseiam pela unidade porque sofrem sob a desintegração, sob as contradições que os dilaceram, sob toda a sorte de coisas que se encontram neles lado a lado sem inter-relação, sob a falta de paz no mundo, sob as constantes lutas entre os grupos sociais e políticos. O homem que se tornou um com Deus também se tornou um consigo mesmo, com os semelhantes e com a criação. Quem está em acordo consigo mesmo, também estabelecerá comunhão ao redor de si, conciliará entre si os contrastes a seu redor. Quem no entanto está dividido em si mesmo, também somente provocará divisão em seu ambiente. Somente o homem livre é capaz para a conciliação. Somente aquele que está livre de projeções, com as quais barramos nossa visão para os homens, e quem está livre de animosidades e ressentimentos pode unir pessoas entre si.

O terceiro anseio dos gregos refere-se à pátria. Um sentimento elementar dos gregos era o de não terem pátria. O mundo lhes era estranho. Para Platão, a verdadeira pátria é o mundo das idéias. Pátria significou para os primeiros cristãos estar em casa em Deus, poder descansar em Deus, encontrar verdadeira paz em Deus com seu coração desassossegado (Agostinho). Deus certamente não é apenas aquele que nos dá uma pátria e aconchego neste mundo. Ele também é o Deus do êxodo que nos conduz para fora da dependência. Mas também é aquele que nos conduz para a Terra Prometida, para a terra onde realmente estamos em casa. Essa terra-pátria não é apenas a pátria eterna no céu, que nos aguarda na morte. Experimentamos já agora, no meio de nosso caminho, que nossa pátria está no céu (cf. Fl 3,29). Quando sentimos em nós o recinto do silêncio, então se trata do espaço no qual podemos estar em casa, porque o próprio mistério habita em nós, porque ali, onde Deus habita em nós, já agora é céu em nós, que nos dá uma pátria aqui nesta terra do exílio.

Liberdade, unidade e pátria, esses três critérios de espiritualidade autêntica e real experiência de Deus são inseparáveis. Quem é um consigo mesmo, quem não é mais arrastado para lá e para cá pelos mais diversos desejos e pelas mais diversas necessidades, esse também é livre. Quem descansa em Deus, quem achou pátria em Deus, esse mesmo não se orienta mais pelos critérios deste mundo, sobre esse o mundo não tem poder, esse mesmo livrou-se das expectativas deste mundo. Assim podemos reconhecer na liberdade em nós em que ponto de nosso caminho espiritual nos encontramos. Ao mesmo tempo, porém, temos que admitir que aqui em nosso caminho de peregrinos a liberdade sempre é relativa, que experimentamos a verdadeira liberdade somente na morte, quando estaremos livres para sempre para contemplar a Deus e para no amor nos lançarmos nos braços amorosos de Deus.

Liberdade, unidade e pátria também são as premissas para se poder amar de verdade. Quem está dividido em si mesmo, não pode amar de verdade. Talvez fale muitas vezes do amor e procurará amar com todas as suas forças. Mas não será o amor que cura, que une e liberta, e, sim, antes um amor que amarra o outro em si mesmo, que exerce poder, que deverá apaziguar a própria má consciência. O amor para o qual nos conclama a perfeita lei da liberdade deixa o homem livre, deixa-lhe sua dignidade régia. Ele produz paz, dá ao homem dilacerado a possibilidade de aceitar a si mesmo, tornando-se, desse modo, um consigo mesmo.

107

Verdadeiro amor une e cura o ser humano, torna-o inteiro. E lhe dá uma pátria, oferece-lhe um lar no qual realmente pode sentir-se em casa, na qual realmente pode ser aquele para o qual Deus o chamou, um livre filho, uma livre filha de Deus. Não existe verdadeiro amor sem liberdade. E também não existe autêntica experiência de Deus sem a experiência de liberdade interior. Vale o que diz Ângelo Silésio: "Quem ama a liberdade, esse mesmo ama a Deus". E inversamente: "Quem ama a Deus, esse mesmo também ama a liberdade".

Bibliografia

BERNARD, Johannes. *Klemens von Alexandrien. Glaube, Gnosis, Griechischer Geist.* Leipzig, 1974.

DIBELIUS, Martin. *Der Brief des Jakobus.* Götingen (12), 1984.

GRÜNDEL, Johannes. *Triebsteuerung? Für und wider die Askese.* München, 1972.

GRUNDMANN, Walter. *Das Evangelium nach Matthäus.* Berlim, 1968. — *Das Evangelium nach Markus.* Berlim, 1984.

LINDWORSKY, Johannes. *Psychologie der Askese.* Freiburg, 1936.

LUZ, Ulrich. *Das Evangelium nach Matthäus.* Zürich, 1990.

MUSSNER, Franz. *Der Jakobusbrief.* Freiburg, 1964.

NIEDERWIMMER, Kurt. *Der Begriff der Freiheit im Neuen Testament.* Berlim, 1966.

PONTICUS, Evagrius. *Praktikos. Über das Gebet*, Münsterschwarzach, 1986 [traduzido e introduzido por John Eudes Bamberger].

RAC I. *Autarkie* (P. WILPERT), p. 1039-1050.

RAC V. Stuttgart, 1962, *Epiktet* (M. SPANNEUT), p. 599-681.

RAC VIII. Stuttgart, 1972, *Freiheit* (D. NESTLE), p. 269-306.

REALLEXIKON FÜR ANTIKE UND CHRISTENTUM (= RAC). Vol. I, editado por Theodor Klauser, Stuttgart,

1950, *Askese* (H. STRATHMANN & P. KESELING), p. 749-795.

SCHLIER, Heinrich. Parresia. *In*: *Theologisches Wörterbuch (ThW)*. Band V, editado por G. KITTEL & G. FRIEDRICH, Stuttgart, 1954, p. 869-884.

SCHNEIDER, Johannes. *Das Evangelium nach Johannes*. Berlim, 1985.

SEDE E SHOWROOM
PETRÓPOLIS, RJ
Internet: http://www.vozes.com.br
(25689-900) Rua Frei Luís, 100
Caixa Postal 90023
Tel.: (0xx24) 2233-9000
Fax: (0xx24) 2231-4676
E-mail: vendas@vozes.com.br

UNIDADE DE VENDA NO EXTERIOR
PORTUGAL
Av. 5 de Outubro, 23
R/C 1050-047 Lisboa
Tel.: (00xx351 21) 355-1127
Fax: (00xx351 21) 355-1128
E-mail: vozes@mail.telepac.pt

UNIDADES DE VENDA NO BRASIL
BELO HORIZONTE, MG
Atacado e varejo
(30130-170) Rua Sergipe, 120 – loja 1
Tel.: (0xx31) 3226-9010
Fax: (0xx31) 3222-7797
Varejo
(30190-060) Rua Tupis, 114
Tel.: (0xx31) 3273-2538
Fax: (0xx31) 3222-4482

BRASÍLIA, DF
Atacado e varejo
(70730-516) SCLR/Norte, Q. 704, Bl. A, nº 15
Tel.: (0xx61) 3326-2436
Fax: (0xx61) 3326-2282

CAMPINAS, SP
Varejo
(13015-002) Rua Br. de Jaguara, 1097
Telefax: (0xx19) 3231-1323

CUIABÁ, MT
Atacado e varejo
(78005-970) Rua Antônio Maria Coelho, 197 A
Tel.: (0xx65) 3623-5307
Fax: (0xx65) 3623-5186

CURITIBA, PR
Atacado
(80220-040) Rua Pamphilo D'Assumpção, 554 – Rebouças
Tel.: (0xx41) 3333-9812
Fax: (0xx41) 3332-5115
Varejo
(80010-050) Rua Emiliano Perneta, 332 – loja A – Centro
Tel.: (0xx41) 3233-1392
Fax: (0xx41) 3224-1442

FLORIANÓPOLIS, SC
Atacado e varejo
(88010-030) Rua Jerônimo Coelho, 308
Tel.: (0xx48) 3222-4112
Fax: (0xx48) 3222-1052

FORTALEZA, CE
Atacado e varejo
(60025-100) Rua Major Facundo, 730
Tel.: (0xx85) 3231-9321
Fax: (0xx85) 3221-4238

GOIÂNIA, GO
Atacado e varejo
(74023-010) Rua 3, nº 291
Tel.: (0xx62) 3225-3077
Fax: (0xx62) 3225-3994

JUIZ DE FORA, MG
Atacado e varejo
(36010-041) Rua Espírito Santo, 963
Tel.: (0xx32) 3215-9050
Fax: (0xx32) 3215-8061

LONDRINA, PR
Atacado e varejo
(86010-160) Rua Senador Souza Naves, 158 C
Tel.: (0xx43) 3337-3129
Fax: (0xx43) 3325-7167

MANAUS, AM
Atacado e varejo
(69010-230) Rua Costa Azevedo, 105 – Centro
Tel.: (0xx92) 3232-5777
Fax: (0xx92) 3233-0154

PETRÓPOLIS, RJ
Varejo
(25620-001) Rua do Imperador, 834 – Centro
Telefax: (0xx24) 2246-5552

PORTO ALEGRE, RS
Atacado e varejo
(90010-273) Rua Riachuelo, 1280
Tel.: (0xx51) 3226-3911 e 3225-4879
Fax: (0xx51) 3226-3710

RECIFE, PE
Atacado e varejo
(50050-410) Rua do Príncipe, 482
Tel.: (0xx81) 3423-4100
Fax: (0xx81) 3423-7575

RIO DE JANEIRO, RJ
Atacado
(20031-143) Rua México, 174 – sobreloja – Centro
Tel.: (0xx21) 2215-6386
Fax: (0xx21) 2533-8358
Varejo
(20031-143) Rua México, 174 – Centro
Tel.: (0xx21) 2215-0110
Fax: (0xx21) 2533-8358

SALVADOR, BA
Atacado e varejo
(40060-410) Rua Carlos Gomes, 698 A
Tel.: (0xx71) 3329-5466
Fax: (0xx71) 3329-4749

SÃO PAULO, SP
Atacado
(03168-010) Rua dos Trilhos, 623/627 – Moóca
Tel.: (0xx11) 6693-7944
Fax: (0xx11) 6693-7355
Varejo
(01006-000) Rua Senador Feijó, 168
Tel.: (0xx11) 3105-7144
Fax: (0xx11) 3107-7948
Varejo
(01414-000) Rua Haddock Lobo, 360
Tel.: (0xx11) 3256-0611
Fax: (0xx11) 3258-2841

PARCERIAS
APARECIDA, SP
Varejo
Amanda Carine Chagas Arneiro – ME
(12570-000) Centro de Apoio aos Romeiros,
Setor "A", Asa "Oeste"
Rua 02 e 03 – lojas 111/112 e 113/114
Telefax: (0xx12) 3104-1117

BOA VISTA, RR
Varejo
Nepomuceno e Padilha Com. de Livros Ltda. – ME
(69301-110) Av. Major Williams, 5408 – Centro
Telefax: (0xx95) 624-1221 e 224-6047

CAMPOS DOS GOITACAZES, RJ
Varejo
W.T. Castro Livraria e Papelaria Ltda
(28027-140) Rua Visconde de Itaboraí, 169 –
Parque Rosário
Tel.: (0xx22) 2735-0003 e 2733-0967
Fax: (0xx22) 2733-0807

SÃO LUÍS, MA
Varejo
J.M.F. de Lira Comércio e Representações de
Livros e Artigos Religiosos
(65010-440) Rua da Palma, 502 – Centro
Tel.: (0xx98) 3221-0715
Fax: (0xx98) 3231-0641

xx – CÓDIGO DAS PRESTADORAS DE SERVIÇOS TELEFÔNICOS PARA LONGA DISTÂNCIA.